国民教育文化総合研究所十五周年記念ブックレット3

教育格差

——格差拡大に立ち向かう——

「教育における格差」研究委員会
まとめ＝嶺井正也・池田賢市

目次

装幀・若林繁裕

はじめに

いま日本社会では貧富の差が確実に拡大してきています。そしてそのことが、次世代を担う子どもたちの教育格差というかたちで現れています。しかも、競争原理を基盤に据えた教育政策により、その格差は自己責任として、それぞれの家庭や子どもたち自身の選択や努力の結果として正当化されようとしています。「一億総中流」と言われていた時代は過去のものとなりました。

一九九〇年代以降に基調となった新自由主義政策は、人々の生活を守る社会諸制度を解体し、競争と効率の原理に基づく個人単位の成果主義、能力主義を徹底させた結果、階層間格差を拡大させ、人と人の間を分断してきました。健康で安心できる暮らしや学びの基盤が切り崩されてきたのです。その一方で、孤立し不安にさいなまれる個人に対しては、テロ対策や共謀罪制定論議からもうかがえるように、新保守主義による危機管理型の国家的統制で補完しようとしています。

私たちが本書を通じて提案しようとする、自他の安全や安心に配慮する希望の公教育は、子ども、教職員、市民の主体的な参加の保障を通して、地域の安全文化を醸成し、結果として、社会的健康度・幸福度を高める可能性を有するものです。対照的に、危機管理型の公教育体制は、住民相互の監視システムを私たちの暮らしと学びに埋め込み、学校メンバーと地域の住民を萎縮させ、そこから生き生きとした活力を奪ってしまう危険性を宿しているのです。

このままでは確実に格差は拡大しつづけるでしょう。その克服のための地域の再生も望むことはできなくなるでしょう。このような状況は、民主的社会の危機とも言えます。

そうならないように共に考えましょう。

Ⅰ　生活格差の実態はどうなっているか

1　拡大する生活格差

表1は、東京都二三区の各区における五年間（二〇〇〇〜二〇〇四年度）の準要保護（「準要保護」者とは、生活保護は受けていないものの生活保護を受けるに準ずる者をいい、前年度の所得が生活保護水準の一・一倍〜一・三倍以内にある者）の児童生徒の割合の推移です。二〇〇〇年度の時点で、二三区で準要保護児童生徒の割合が低い五区（千代田区、中央区、文京区、目黒区、世田谷区）と、割合が高い五区（墨田区、荒川区、板橋区、足立区、江戸川区）とにおいて、五年間で準要保護児童生徒の割合がどの程度増加したのかを調べてみると、以下のようになります。

割合の低い五区で見た場合、最も低い千代田区は、二〇〇〇年度の時点で準要保護率が四・一九％でしたが、二〇〇四年度の時点では六・四五％となっており、差し引きで二・二六％の上昇です。同様に見ていくと、中央区四・〇一％、文京区四・五〇％、目黒区〇・〇六％、世田谷区二・六九％というように、割合の低い五区では、差し引きで〇・〇六％〜四・五〇％の上昇にとどまっています。

一方、割合の高い五区で見た場合、最も高い足立区は、二〇〇〇年度の三一・八八％から二〇〇四年度の四三・一二％と、一一・二四％も上昇しています。同様に見ていくと、墨田区八・三二％、荒川区六・二六％、板橋区四・一八％、江戸川区四・四七％となっており、割合の高い五区では、差し引きで四・一八％〜一一・二四％の上昇となります。

表１　東京都23区における準要保護児童生徒割合の推移

	2000年度	2001年度	2002年度	2003年度	2004年度	５年間の推移
千代田区	4.19	5.25	5.75	6.31	6.45	＋2.26
中央区	10.22	11.83	12.89	12.80	14.23	＋4.01
港区	22.23	23.46	24.12	24.31	24.30	＋2.07
新宿区	17.21	18.34	19.62	20.38	21.60	＋4.39
文京区	10.66	11.74	11.93	13.63	15.10	＋4.50
台東区	17.04	18.47	20.02	21.46	24.95	＋7.91
墨田区	26.25	28.57	29.99	32.46	34.57	＋8.32
江東区	26.24	28.36	29.63	31.01	31.41	＋5.17
品川区	22.83	24.34	26.05	27.73	28.59	＋5.76
目黒区	12.04	12.59	12.60	12.61	12.10	＋0.06
大田区	22.01	23.33	24.98	27.14	28.23	＋6.22
世田谷区	12.12	13.12	13.24	13.76	14.81	＋2.69
渋谷区	21.32	21.44	22.30	23.18	23.67	＋2.35
中野区	19.42	20.43	21.10	22.24	24.65	＋5.23
杉並区	16.31	17.74	18.36	20.02	21.13	＋4.82
豊島区	14.71	17.13	18.39	20.66	21.46	＋6.75
北区	24.67	27.24	28.44	30.44	31.77	＋7.10
荒川区	26.28	28.35	30.38	32.17	32.54	＋6.26
板橋区	28.78	30.65	32.77	34.83	32.96	＋4.18
練馬区	20.74	21.80	22.32	23.37	24.05	＋3.31
足立区	31.88	32.60	39.33	41.97	43.12	＋11.24
葛飾区	23.28	24.04	24.92	27.43	28.43	＋5.15
江戸川区	26.54	28.25	29.67	30.34	31.01	＋4.47

（文部科学省および東京都教育委員会の資料より）

表２　東京都23区で準要保護児童生徒割合が高い５区と低い５区との推移

		準要保護率の高い５区	準要保護率の低い５区
2000年度	全児童生徒数	147,468人	69,123人
	準要保護児童生徒数	42,275人	7,839人
	準要保護率	28.67％	11.34％
2004年度	全児童生徒数	150,278人	68,723人
	準要保護児童生徒数	53,467人	9,544人
	準要保護率	35.58％	13.89％
準要保護率　５年間の差し引き		＋6.91ポイント	＋2.55ポイント

（文部科学省および東京都教育委員会の資料より作成）

表3　東京都多摩地区で準要保護児童生徒割合が高い5市と低い5市との推移

		準要保護率の高い５市	準要保護率の低い５市
2000年度	全児童生徒数	36,710人	39,425人
	準要保護児童生徒数	6,810人	3,238人
	準要保護率	18.55%	8.21%
2004年度	全児童生徒数	35,800人	38,492人
	準要保護児童生徒数	8,027人	4,284人
	準要保護率	22.42%	11.13%
準要保護率　５年間の差し引き		＋3.87ポイント	＋2.92ポイント

（文部科学省および東京都教育委員会の資料より作成）

表4　横浜市で準要保護児童生徒割合が低い5区と高い5区との推移

		準要保護率の高い５区	準要保護率の低い５区
2000年度	全児童生徒数	57,745人	90,066人
	準要保護児童生徒数	5,992人	5,485人
	準要保護率	10.38%	6.09%
2004年度	全児童生徒数	56,932人	93,786人
	準要保護児童生徒数	8,085人	7,661人
	準要保護率	14.20%	8.17%
準要保護率　５年間の差し引き		＋3.82ポイント	＋2.08ポイント

（横浜市教育委員会の資料より作成）

割合の低い五区と高い五区で平均をとると、低い五区では五年間の差し引きで平均二・五五％の上昇ですが、高い五区では平均六・九一％の上昇となっています（表2参照）。

同様の方法で、東京都多摩地区の各市や、横浜市の各区ごとの準要保護児童生徒の割合のデータからも、社会的な格差の拡大が裏付けられないか試みたところ、東京都二三区ほどではありませんでしたが、準要保護率の高い市（区）と低い市（区）との間では、準要保護率の上昇の程度に相違が見られました。もともと準要保護率が高い市（区）でのその後の上昇の程度は、もともと準要保護率が低い市（区）でのそれよりも大きくなっています（表3・4参照）。このように、準要保護率の面だけから見ても、生活格差の拡大が読みとれます。

2　全国的にみた生活格差

一人当たりの県民所得（図1）

図1は、都道府県ごとの一人当たりの県民所得についてのデータです。最も高いのは東京都の四二六万七〇〇〇円、以下、愛知県、静岡県、滋賀県、神奈川県と続いています。逆に最も低いのは沖縄県の二〇四万二〇〇〇円、以下、青森県、長崎県、高知県、鹿児島県となっています。東京都と沖縄県との差は約二・一倍もあります。全都道府県の平均は二九五万八〇〇〇円で、二〇〇二年度より〇・六％の増加となっています。

二〇〇二年度に比べ、上位一〇都府県の平均は一・二％の増加ですが、逆に、下位一〇県の平均は〇・七％の減少、つまり、上位県と下位県との格差が拡大した形となっています。

しかし、県民所得は、雇用者報酬や財産所得だけでなく、企業所得も含んでいるので、各都道府県の経済全体の所得水準を表すものとなり、個人の所得水準を表すものではありません。そこで次に、一カ月の給与の平均額から、都道府県ごとの格差を見ていきます。

一カ月の給与の平均額（図2）

図2のデータは総務省の「社会生活統計指標」（二〇〇六年版）によるもので、数字は二〇〇四年六月一日～三十日に支払われた男性の「現金給与月額」（所得税、社会保険料を控除する前のいわゆる〝額面給与〟）の平均額で、調査対象は、社員一〇人以上の企業で、かつ従業員五人以上の事業所（本社、支社、支店など）の約七万一千社です。

それによると、最も高いのは、県民所得と同じく東京都で、平均額は四三万三〇〇〇円、以下、神奈川県、大阪府、愛知県、千葉県と続きます。逆に最も低いのは、これも県民所得と同じく沖縄県で、平均額は二七万三〇〇〇円、以

図1　2003年度　１人当たりの県民所得

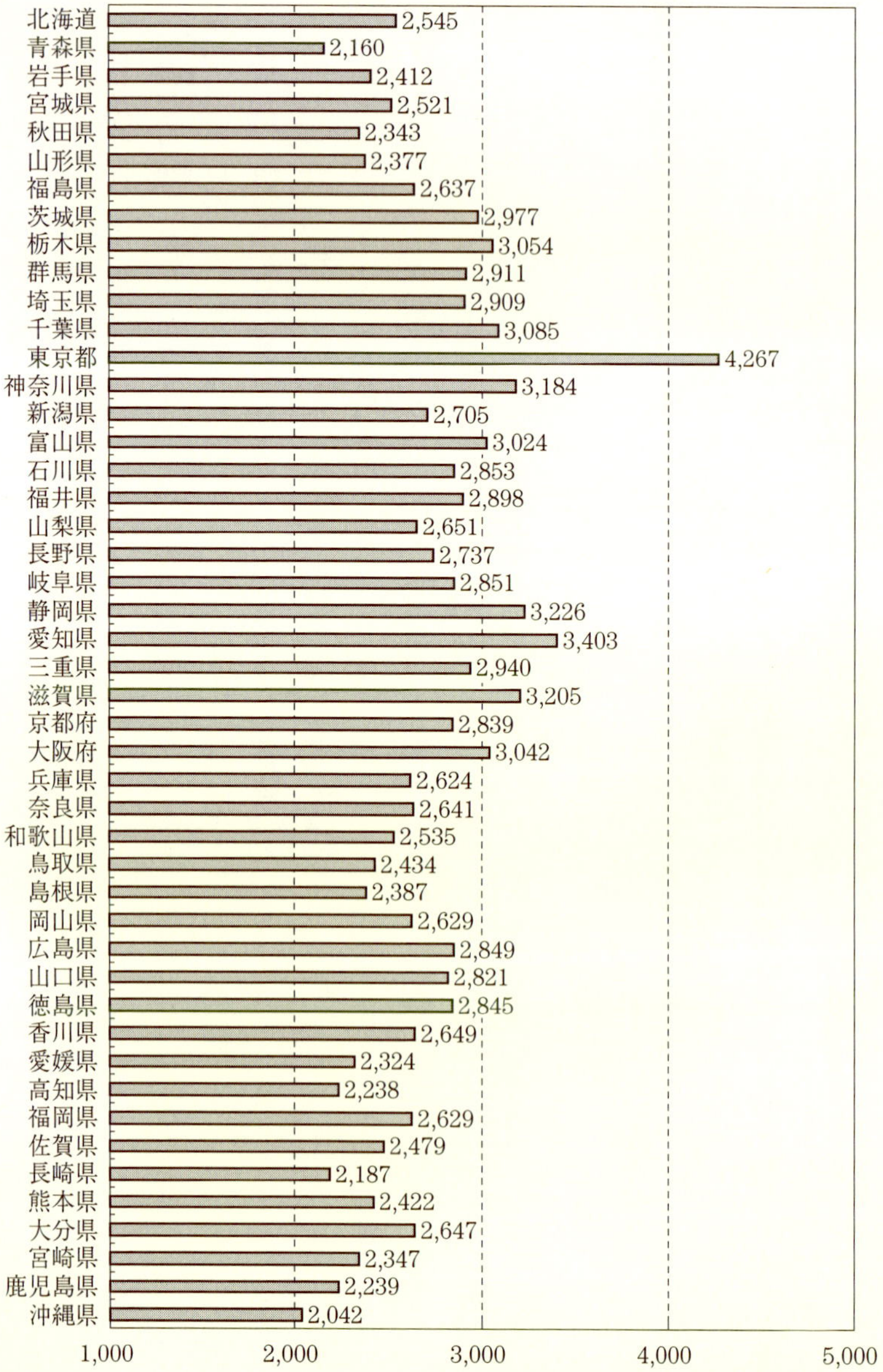
北海道 2,545
青森県 2,160
岩手県 2,412
宮城県 2,521
秋田県 2,343
山形県 2,377
福島県 2,637
茨城県 2,977
栃木県 3,054
群馬県 2,911
埼玉県 2,909
千葉県 3,085
東京都 4,267
神奈川県 3,184
新潟県 2,705
富山県 3,024
石川県 2,853
福井県 2,898
山梨県 2,651
長野県 2,737
岐阜県 2,851
静岡県 3,226
愛知県 3,403
三重県 2,940
滋賀県 3,205
京都府 2,839
大阪府 3,042
兵庫県 2,624
奈良県 2,641
和歌山県 2,535
鳥取県 2,434
島根県 2,387
岡山県 2,629
広島県 2,849
山口県 2,821
徳島県 2,845
香川県 2,649
愛媛県 2,324
高知県 2,238
福岡県 2,629
佐賀県 2,479
長崎県 2,187
熊本県 2,422
大分県 2,647
宮崎県 2,347
鹿児島県 2,239
沖縄県 2,042
1,000
2,000
3,000
4,000
5,000

（内閣府「県民経済計算」より、単位は千円）

図２　１カ月の給与の平均額

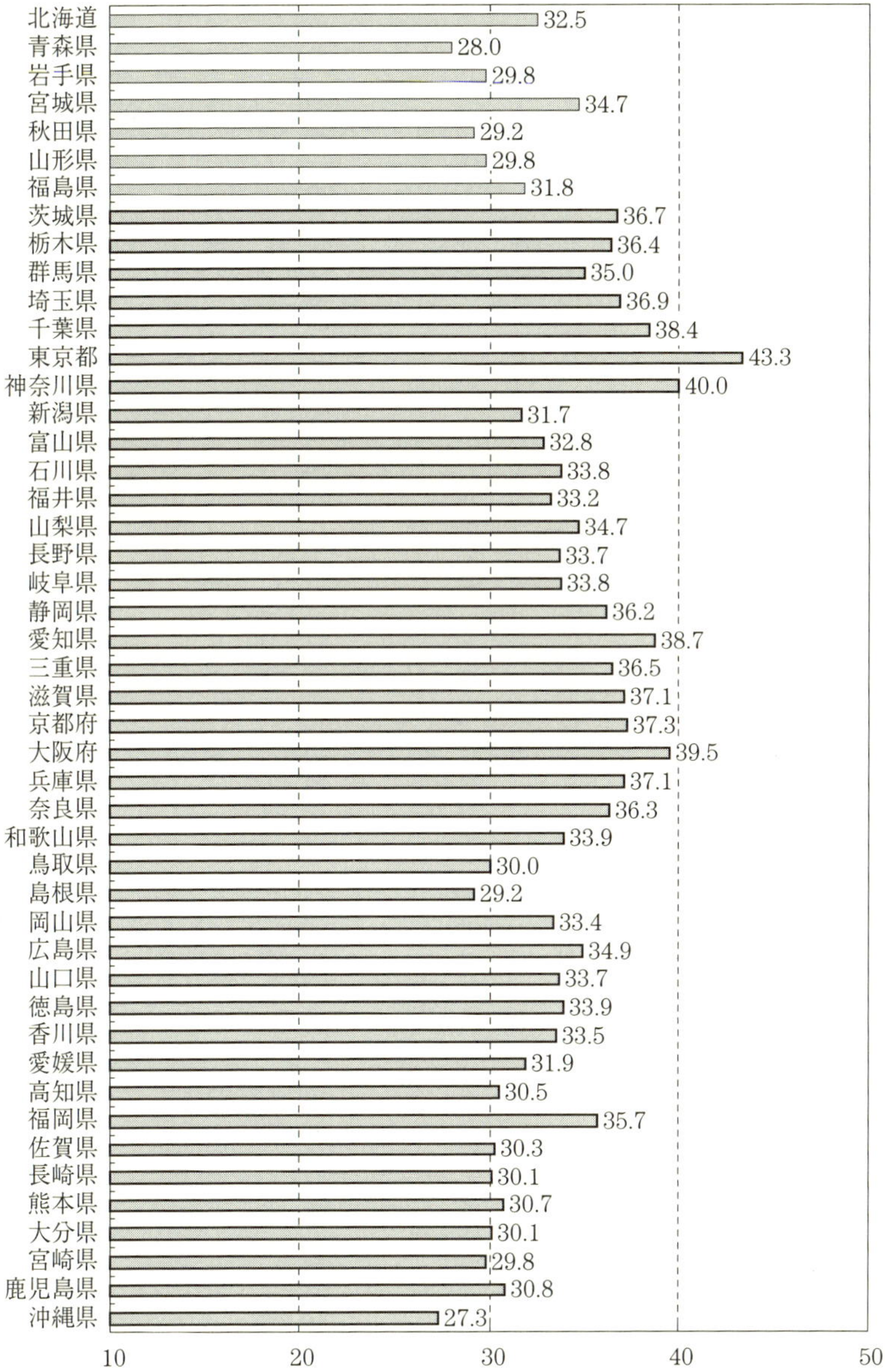
北海道 32.5
青森県 28.0
岩手県 29.8
宮城県 34.7
秋田県 29.2
山形県 29.8
福島県 31.8
茨城県 36.7
栃木県 36.4
群馬県 35.0
埼玉県 36.9
千葉県 38.4
東京都 43.3
神奈川県 40.0
新潟県 31.7
富山県 32.8
石川県 33.8
福井県 33.2
山梨県 34.7
長野県 33.7
岐阜県 33.8
静岡県 36.2
愛知県 38.7
三重県 36.5
滋賀県 37.1
京都府 37.3
大阪府 39.5
兵庫県 37.1
奈良県 36.3
和歌山県 33.9
鳥取県 30.0
島根県 29.2
岡山県 33.4
広島県 34.9
山口県 33.7
徳島県 33.9
香川県 33.5
愛媛県 31.9
高知県 30.5
福岡県 35.7
佐賀県 30.3
長崎県 30.1
熊本県 30.7
大分県 30.1
宮崎県 29.8
鹿児島県 30.8
沖縄県 27.3
10
20
30
40
50

（総務省「社会生活統計指標」06 年版、単位は万円）

下、青森県、秋田県、島根県、岩手県、山形県、宮崎県と続いています。東京都と沖縄県との差は一・六倍となっています。県民所得の高い（低い）県と一カ月の給与の平均額の高い（低い）県とはだいたい一致する傾向にあります。

有効求人倍率（図3）

有効求人倍率は、厚生労働省の調査による数値で、二〇〇六年二月現在のものです。有効求人倍率は、ハローワークに申し込まれている求職者数に対する求人数の割合で、新卒者は除かれていますが、パートタイムは含まれます。最近では有効求人倍率も回復傾向にあり、二〇〇五年十二月の有効求人倍率は一・〇〇倍になり、一九九二年九月以来、実に一三年三カ月ぶりに一倍台に回復しました。しかし、都道府県別に見ると、かなりの格差があることがわかります。

最も高いのは愛知県の一・七二倍、以下、群馬県、東京都、福井県、三重県と続きます。一方、最も低いのは沖縄県の〇・四五倍、以下、青森県、高知県、鹿児島県、北海道、長崎県となっています。愛知県と沖縄県との間の差は、約三・八倍にも達しています。有効求人倍率が上昇傾向にあるといっても、その効果が十分に行き渡っているとは言い難い状況であることがわかります。また、求人の質的な問題もあります。有効求人倍率が一・〇〇倍になった二〇〇五年十二月現在の数値を正社員と非正社員とに分けると、正社員の有効求人倍率は〇・六五倍であるのに対し、非正社員のそれは一・五八倍となっています。新規求人に対する正社員の割合は四四・九％で、非正社員の求人ばかりが目立つ形となっています。

ここまでの数値を見てくると、「豊かな都市部」と「貧しい地方」という構図をイメージした人も多いのではないでしょうか。しかし、都道府県ごとの生活保護率や（図4）や準要保護児童生徒割合（図5）のデータを加味すると、都市部の「貧しい」側面を見ることになります。

図３　2006年２月　有効求人倍率

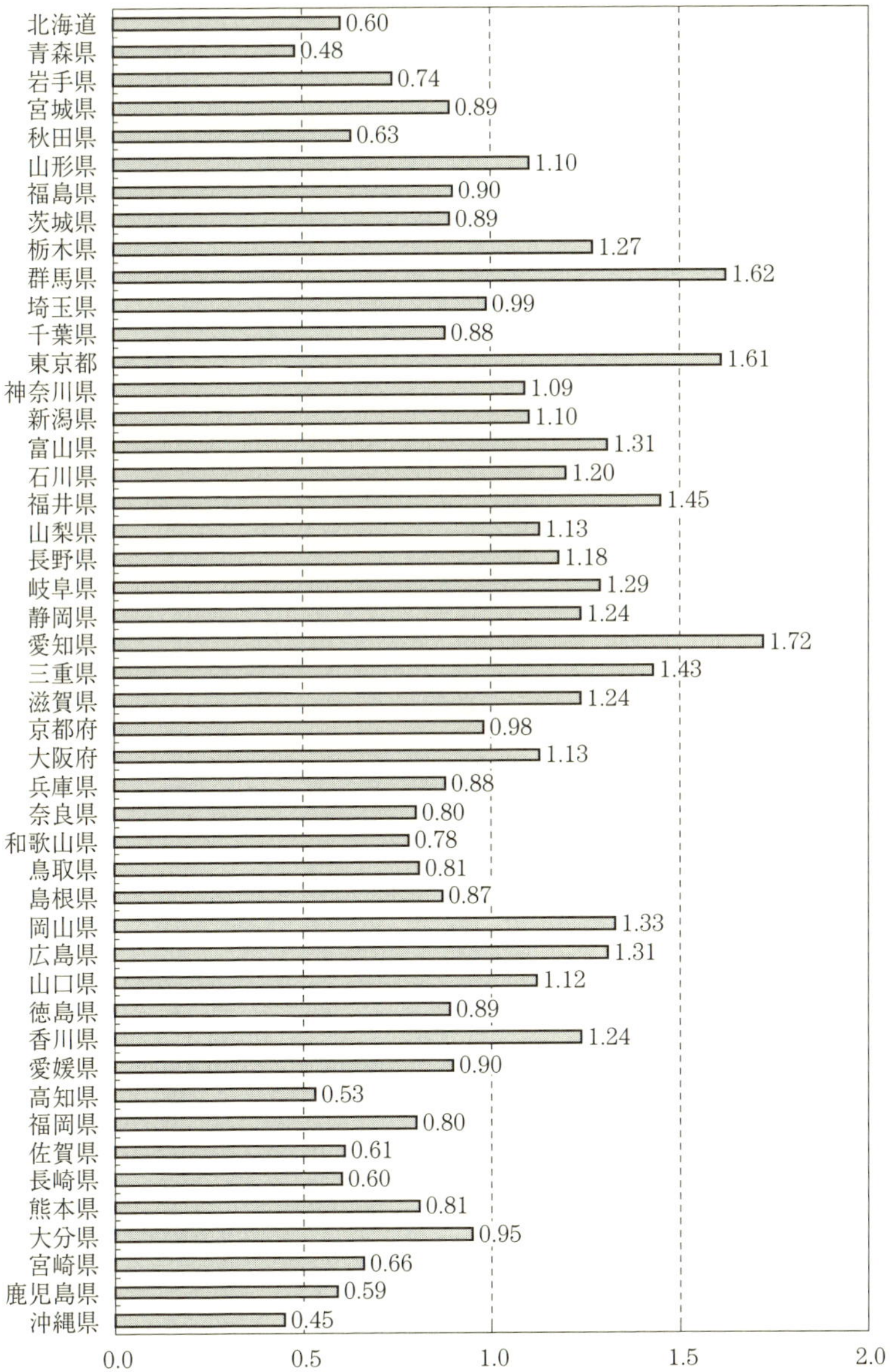
北海道 0.60
青森県 0.48
岩手県 0.74
宮城県 0.89
秋田県 0.63
山形県 1.10
福島県 0.90
茨城県 0.89
栃木県 1.27
群馬県 1.62
埼玉県 0.99
千葉県 0.88
東京都 1.61
神奈川県 1.09
新潟県 1.10
富山県 1.31
石川県 1.20
福井県 1.45
山梨県 1.13
長野県 1.18
岐阜県 1.29
静岡県 1.24
愛知県 1.72
三重県 1.43
滋賀県 1.24
京都府 0.98
大阪府 1.13
兵庫県 0.88
奈良県 0.80
和歌山県 0.78
鳥取県 0.81
島根県 0.87
岡山県 1.33
広島県 1.31
山口県 1.12
徳島県 0.89
香川県 1.24
愛媛県 0.90
高知県 0.53
福岡県 0.80
佐賀県 0.61
長崎県 0.60
熊本県 0.81
大分県 0.95
宮崎県 0.66
鹿児島県 0.59
沖縄県 0.45
0.0
0.5
1.0
1.5
2.0

（厚生労働省資料より、単位は倍）

生活保護率（図4）

図4の生活保護率は、厚生労働省の調査による数値で、二〇〇四年度現在のものです。保護率は、一千世帯に対し何世帯が生活保護を受けているかの数値で、「％」ではなく「‰」で表される。例えば「一〇‰」なら、一千世帯の内一〇世帯が生活保護を受けているということになり、％で表せば「一％」ということになります。

二〇〇四年度現在、保護率が最も高いのは北海道の二〇・五‰で、以下、福岡県、大阪府、青森県、東京都、沖縄県、一方、保護率が最も低いのは富山県の一・七‰で、以下、岐阜県、福井県、愛知県、長野県、静岡県と続いています。北海道と富山県との間の差は約一二倍もあります。

ここで注目しておきたいのは、保護率の高い都道府県に東京都や大阪府が含まれていることです。保護率の高い都道府県のうち、北海道、青森県、沖縄県などについては、県民所得や一カ月当たりの給与の平均額、有効求人倍率が低い傾向にあるといったことから、保護率が高いというのは直感的に理解できると思うのですが、同時に、東京都や大阪府という「豊かな都市部」といったイメージの強いところでも、実は保護率が高いという現実があるわけです。そのことを次に、都道府県ごとの準要保護児童生徒の割合も併せながら、確認していきます。

準要保護（就学援助を受ける）児童生徒の割合（図5）

図5の準要保護児童生徒割合は、文部科学省の調査による数値で二〇〇四年度現在のものです。就学援助制度とは、憲法第二十六条（教育を受ける権利、その保護する子女に普通教育を受けさせる義務）、教育基本法第三条第2項（経済的理由によって修学困難な者に対する奨学）、学校教育法第二十五条（経済的理由によって就学困難と認められる学齢児童の保護者に対する援助）に基づき制定された「就学困難な児童及び生徒に係る就学奨励についての国の援助に関する法律」などを法的根拠として、経済的理由によって就学困難な児童生徒の保護者に対して一定の範囲内において援助する制度のことです。具体的には、学用品費、通学用品費、修学旅行費、校外活動費、通学費、給食費などが援助さ

図4　2004年度生活保護率

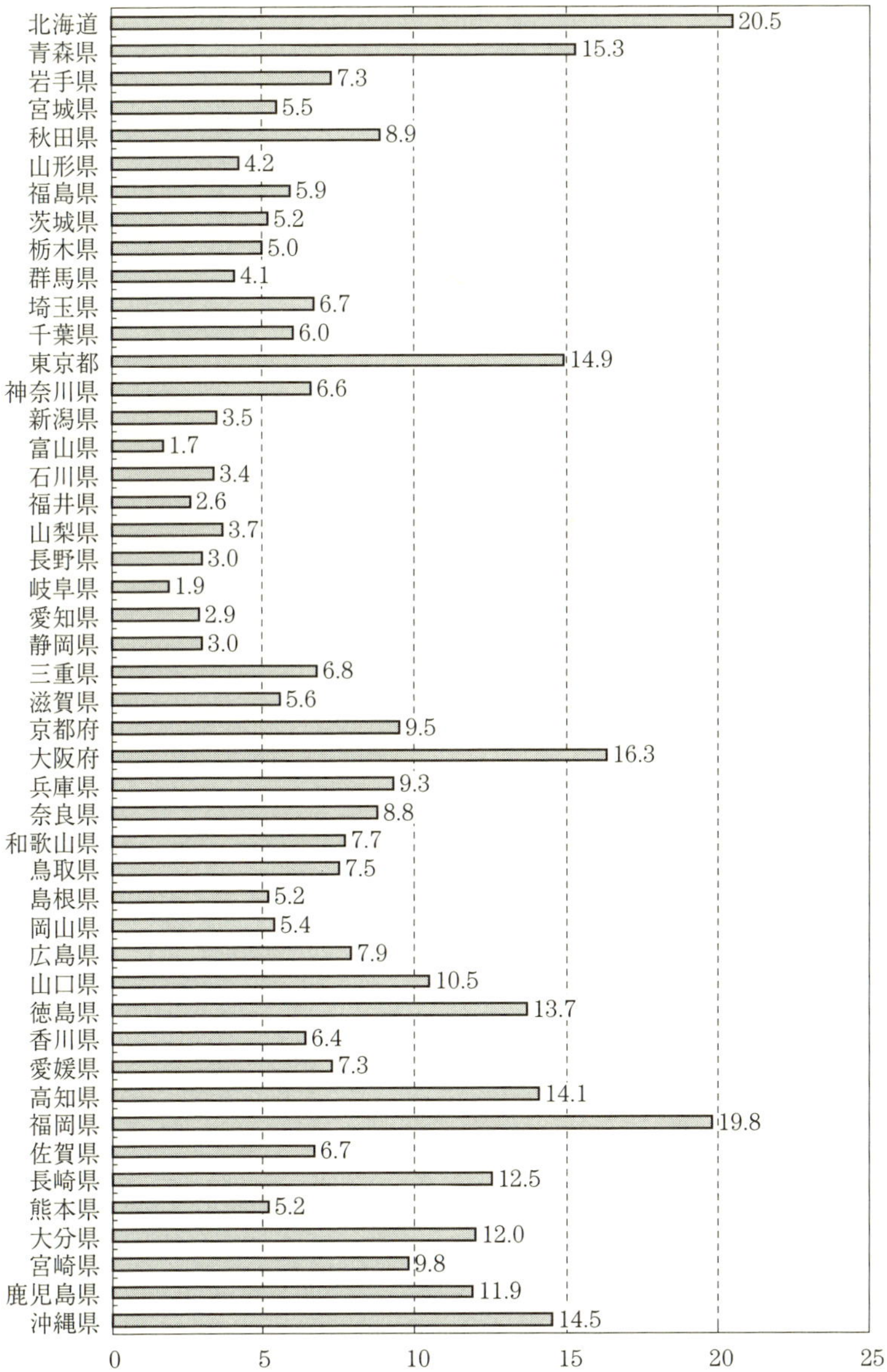
北海道 20.5
青森県 15.3
岩手県 7.3
宮城県 5.5
秋田県 8.9
山形県 4.2
福島県 5.9
茨城県 5.2
栃木県 5.0
群馬県 4.1
埼玉県 6.7
千葉県 6.0
東京都 14.9
神奈川県 6.6
新潟県 3.5
富山県 1.7
石川県 3.4
福井県 2.6
山梨県 3.7
長野県 3.0
岐阜県 1.9
愛知県 2.9
静岡県 3.0
三重県 6.8
滋賀県 5.6
京都府 9.5
大阪府 16.3
兵庫県 9.3
奈良県 8.8
和歌山県 7.7
鳥取県 7.5
島根県 5.2
岡山県 5.4
広島県 7.9
山口県 10.5
徳島県 13.7
香川県 6.4
愛媛県 7.3
高知県 14.1
福岡県 19.8
佐賀県 6.7
長崎県 12.5
熊本県 5.2
大分県 12.0
宮崎県 9.8
鹿児島県 11.9
沖縄県 14.5
0
5
10
15
20
25

（厚生労働省資料より、単位は‰）

れます。

就学援助の対象は、「要保護」および「準要保護」の児童生徒の保護者です。「要保護」者とは生活保護を受ける者であり、「準要保護」者とは、前述したように生活保護は受けていないものの、生活保護を受けるに準ずる者をいいます。（なお、要保護の児童生徒数よりも、準要保護の児童生徒数の方がずっと多く、統計的にも有意であると思われるので、ここでは準要保護の児童生徒の割合を見ていくことにします。また、「準要保護」とされるのは、対象となる前年度の所得が生活保護水準の一・一倍以内〜一・三倍以内となっているところが多く、自治体間の比較はそれなりの意味をもっていると考えます。）

いずれにせよ、所得の低い家庭が就学援助の対象となるため、その割合が高いほど、所得の低い家庭が多いと言うことが可能です。ただし、「準要保護」とされる基準は、市区町村ごとに異なっていますし、市区町村に申請しないと受給できないので、準要保護児童生徒の割合が高いからといってそのことからすぐに、その地域には低所得層が多いということにはならないですし（「準要保護」とされる基準が緩かったり、申請者が多いという場合も有り得る）、逆に、準要保護児童生徒の割合が低くても、その地域には低所得層が少ないとは限らない（「準要保護」とされる基準が厳しかったり、申請者が少ないという場合も有り得る）ということにもなります。

さて、図5を見ると、割合が最も高いのは大阪府の二四・七五％で、二位は東京都の二三・一四％、以下、山口県、高知県、北海道、福岡県と続き、割合が最も低いのは静岡県の三・六〇％で、以下、栃木県、茨城県、山形県、福井県、岐阜県となっています。「豊かな都市部」であるはずの東京都や大阪府で準要保護率が高くなっています。

同様の傾向は、都道府県立高校における授業料減免者の割合にも見られます。各都道府県においては、都道府県立高校の生徒をもつ家庭で、所得水準が一定基準以下である場合は、授業料の全額または一部を免除する制度が設けられています。二〇〇六年三月二十三日付の『朝日新聞』によると、二〇〇四年度現在で、減免者の割合が高いのは、大阪府の二四・六％、鳥取県の一三・八％、北海道の一三・〇％、兵庫県の一三・〇％、福岡県の一二・八％、東京

図５　2004年度準要保護児童生徒割合

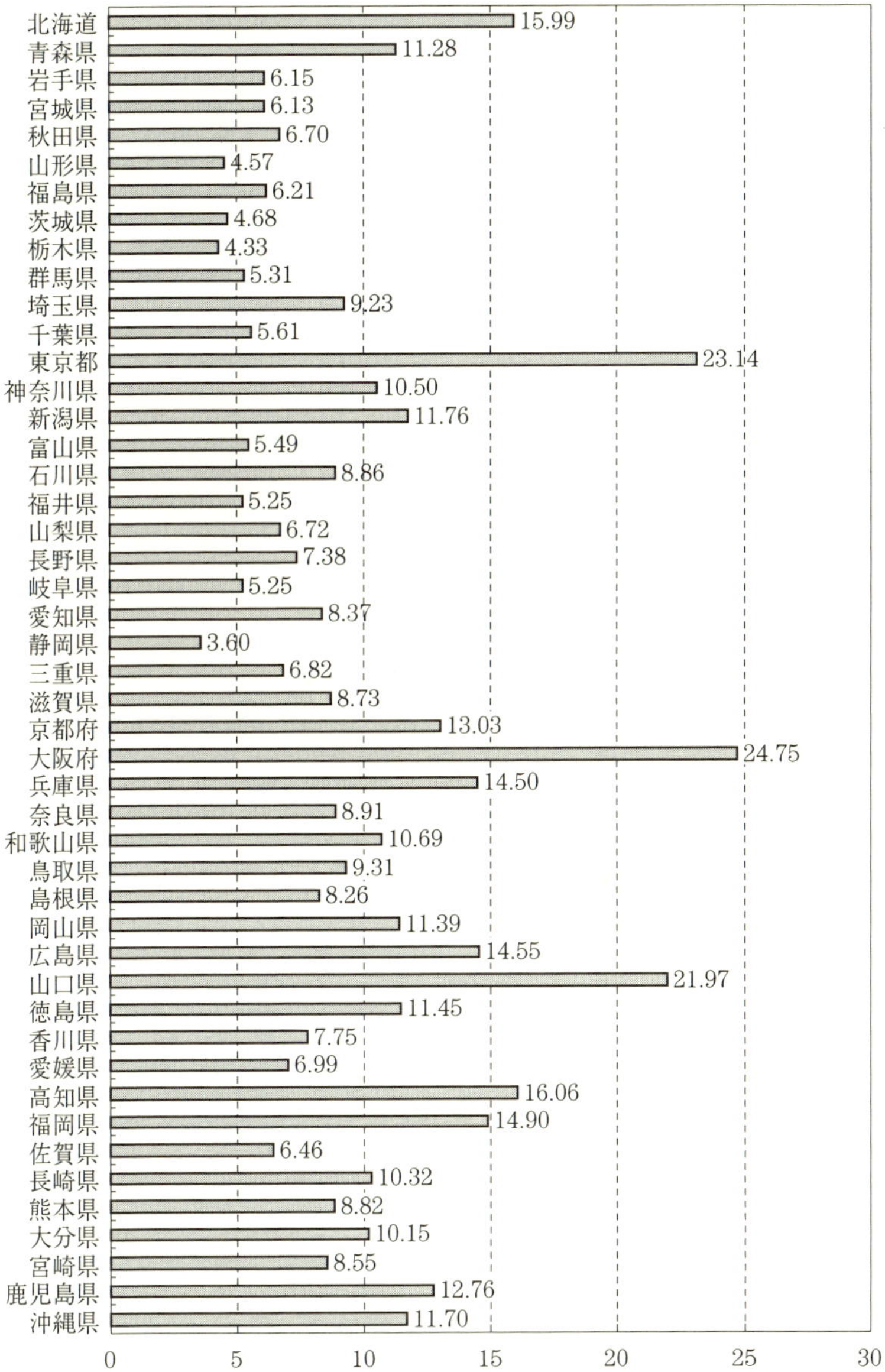
北海道 15.99
青森県 11.28
岩手県 6.15
宮城県 6.13
秋田県 6.70
山形県 4.57
福島県 6.21
茨城県 4.68
栃木県 4.33
群馬県 5.31
埼玉県 9.23
千葉県 5.61
東京都 23.14
神奈川県 10.50
新潟県 11.76
富山県 5.49
石川県 8.86
福井県 5.25
山梨県 6.72
長野県 7.38
岐阜県 5.25
愛知県 8.37
静岡県 3.60
三重県 6.82
滋賀県 8.73
京都府 13.03
大阪府 24.75
兵庫県 14.50
奈良県 8.91
和歌山県 10.69
鳥取県 9.31
島根県 8.26
岡山県 11.39
広島県 14.55
山口県 21.97
徳島県 11.45
香川県 7.75
愛媛県 6.99
高知県 16.06
福岡県 14.90
佐賀県 6.46
長崎県 10.32
熊本県 8.82
大分県 10.15
宮崎県 8.55
鹿児島県 12.76
沖縄県 11.70
0
5
10
15
20
25
30

（文部科学省資料より、単位は%）

図6　都道府県立高校授業料減免者数・割合
（全国の合計、文部化学省資料より）

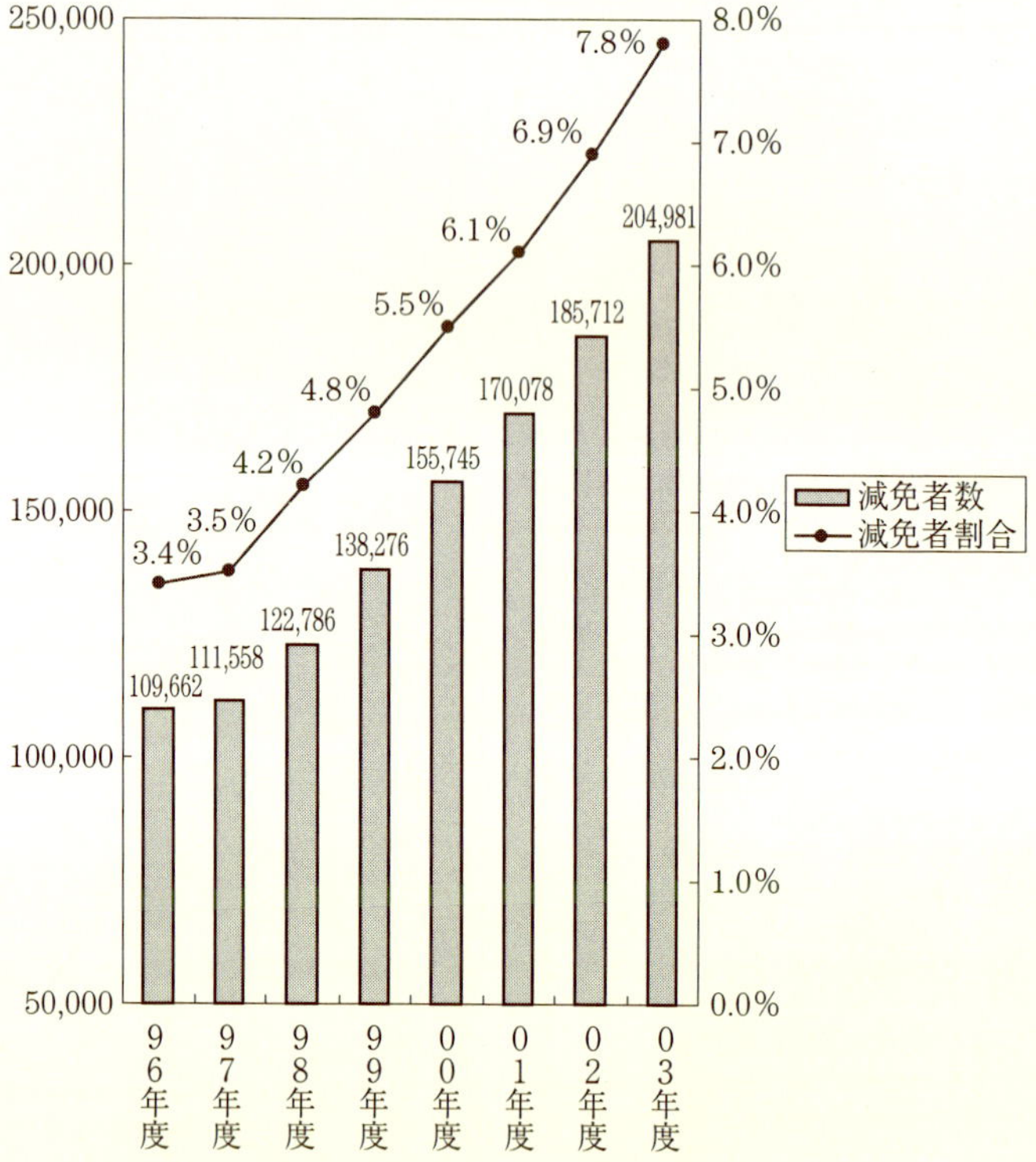

都の一二・三%などとなっており、一方、減免者の割合が低いのは、静岡県の二・〇%、愛知県の二・七%、岐阜県の三・〇%、福井県の三・三%、群馬県の三・三%、栃木県の三・四%などとなっています（全国平均では八・八%）。ここでも、減免者の割合が高いのは、都市部に目立っています。（なお、全国の授業料減免者数（率）に関するデータを図6として掲載しておきます。）

県民所得など平均化された数字では、都市部は値が高くなり、「豊かな都市部」というイメージができあがるのですが、生活保護率や準要保護児童生徒の割合などの数字を見ていくと、率が高い市区と低い市区とではかなりの差が生じています。「豊かな都市部」における「貧しい」部分が浮かび上がってくるというわけです。

II　教育格差はどうして生じるか

1　教育格差とは

「格差」という言葉は上下関係をあらわします。私たちは教育格差を、具体的には学力格差と教育機会格差とであらわすことにしました。ですから、教育格差は学力が高いか低いか、学歴や学校歴が高いとか低いとか、ということをあらわします。

教育格差は、経済格差や文化資本格差、あるいは健康格差などとともに生活格差の一部を構成しています。

ここでいう「学力」は試験で測ることのできる学力＝測定可能学力のことです。ただ同じ測定可能学力といっても、いま世界的に注目されているOECDのPISA（Programm for International Student Assessment）で測っているリテラシーと、日本のいわゆる受験学力とは同じではない、と私たちはとらえています。いま、日本ではこの二つの学力の格差拡大が問題になっていますが、全国一斉学力調査を来年度実施することを決定している文部科学省は後者を重視した対策を考えようとしています。

一方、教育機会格差は、高校（後期中等教育段階）や大学（高等教育段階）に進学する機会があるのかないのかという格差が典型例です。しかし、それだけではありません。同じ高校段階であっても、進学先が有名進学高校なのかそうでないのか、あるいは都会の有名国公私立大学なのかどうか、を示す、いわゆる高校間格差や大学間格差も含みます。

ところで、「障がい」があるかないかで、通常の学校・学級で学ぶか、あるいは「特殊教育諸学校」や「特殊学級」で学ぶかという違いが日本では制度化（いわゆる分離・別学体制）されています。周知のように、この違いを差別とみるか、格差として位置づけるか、あるいは多様性の現れ方と見るかは立場によって異なります。ここでは教育機会格差と教育差別との交わりに位置するととらえておきます。

教育差別とは、例えば、「障がい」、「ジェンダー」、「国籍」、「民族」あるいは「エスニシティ」などの集合的カテゴリーに基づく、不当な教育格差や、偏見を助長する教育を指します。たとえば、各種学校としての「民族学校」の卒業生がそのままでは国立大学の受験を認められないとか、障がいのある子どもがなんらの支援もなしに高校受験をするとか、「女性」が固定的な性別役割分業に基づくような内容の学習を義務づけられる、といったことが具体例として挙げられます。

これら三つの関係は、図7のとおりです。学力格差によって教育機会格差が生まれ、逆に教育機会格差が学力格差を生むというように、両者は相互関係にあります。教育差別と学力格差や教育機会格差とも相互関係や重なりがあります。障がいのある子どもには「特殊教育諸学校」がふさわしいとしてそこへの就学を強制するという差別は、その子どもの、たとえば、大学への進学に必要な学力形成を制約し（＝学力格差）、その結果として大学進学を阻むことになる（＝教育機会格差）。そして、この場合の格差は、「差別」へと転化することになります。

なお、このような教育格差は、健康格差、希望格差などを含む生活格差の一部に入るものとします。

2　教育格差を生み出す仕組み

こうした教育格差や教育差別を基本的に生み出すものは何か。これについても図7を見てください。

そのもっとも主要な要因は家庭や階層の経済格差と文化資本格差です。経済格差とは所得格差と資産格差とからな

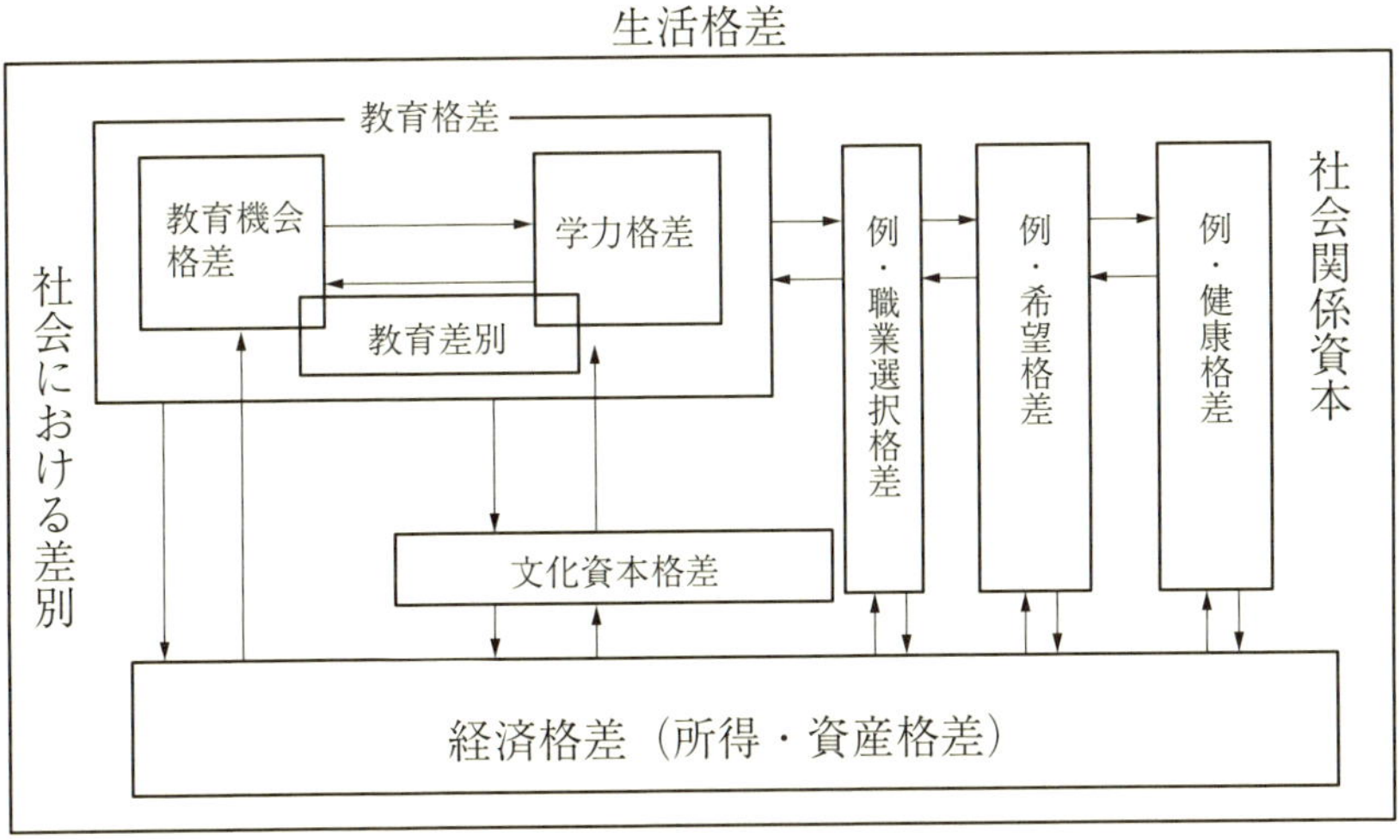

図７　教育格差と教育差別の現状図

っています。経済的に裕福であるか否かということを意味します。文化資本は、現在の社会体制の中で多数派を占めている階層がつくり出している文化のなかで育つと社会体制のなかで優位に生活することを可能とする元手（＝資本）を意味し、具体的には保護者の学歴、生活様式の違いなどで示される場合が多いのですが、その格差が教育格差を生み出すことになります。

経済格差が直接に教育格差を生み出す場合もあるし、それが文化資本格差を生み、その結果として学力格差や教育機会格差をつくり出すこともあります。つまり、所得・資産が多い家庭や、文化資本も大きく、そこで生まれ育った子どもは能力や意欲も高く、その結果、学力や教育機会にも恵まれるという関係となるわけです。

教育における差別は、社会における差別から直接に生み出される場合もありますし、経済格差を媒介として生み出される場合もあります。

このように、教育の格差や差別は、経済格差や文化資本格差、さらには社会における差別によって生み出されてきます。その結果、教育格差・差別が、逆に経済格差や文化資本格差、社会における差別を生み出す原因になる場合も多いわけです。格差や差別の循環あるいは再生産と言えるでしょう。

この関係を断ち切り、格差を是正し、差別を克服するようなあらたな社会関係や教育関係をつくり出すのはきわめてむずかしいのですが、不可能ではありません。それは、北欧諸国にすでに見ることができます。そのためには、経済、法、文化、教育など、それぞれの領域における改革が必要となります。少なくとも、いまの日本の政府が行っている政策がそのまま進めば、格差はより拡大し、差別はもっと深刻化し、次世代により大きな格差拡大社会を残すことになることだけは確かなことです。

3　教育格差の実態をつかむ指標

格差の実態をつかむために、本書が重視したのは、昨今の報道などでも注目を集めている「就学援助」と「授業料減免」の二つです。通常利用する階層指標としての「学歴、職業的地位、所得・資産」などは直接のデータ収集が難しかったことと、教育費の捻出に困難をかかえる階層とそうでない階層の格差実態を把握するのに有効な実証的データであることから選びました。

結論を先取りすれば、その受給数が過去四年間で約四割増加し、受給率も四割を超える自治体が出ているとされる「就学援助」データから、低階層家庭で、子どもの学力保障がより困難となっている問題状況が示唆されるなど、学力データとの具体的な相関が明らかになりました。また、「就学援助」と、教育機会格差を示す「進学先」や「中退率」との相関についても、一部地域と学校ではありますが、検証されています。

全国規模で、教育達成（学歴）と階層との関係を調査したものとしては、ＳＳＭ（社会階層と社会移動）調査が広く知られていますが、本書では、そうしたマクロ・レベルでの調査データの収集・分析では必ずしも明らかにはなっていなかったより具体的な実態、すなわち、自治体（都道府県、市区町村）レベルでの教育における格差の実態を浮かび上がらせた点に、固有の意義を見出すことができると言えるでしょう。

Ⅲ　教育格差の実態はどうなっているか

1　センター入試の成績と県民所得

まず全国レベルでの格差の実態を、大学入試センター試験の都道府県別平均点と県民所得との関係から確認しておきます。

センター試験の平均点（図8・9）は、大手予備校代々木ゼミナールの調査によっています。二〇〇六年一月に実施されたセンター試験の受験生の自己採点の結果を集計し、都道府県別の平均点を算出すると（二〇〇六年のセンター試験より導入された英語のリスニングを含め、五教科七科目の九五〇点満点）、最も高いのは東京都の七一三・二点であり、以下、奈良県、神奈川県、大阪府、京都府、千葉県など、大都市や大都市近郊の府県が続いています。逆に最も低いのは宮崎県の五九一・四点であり、以下、岩手県、島根県、沖縄県、大分県、徳島県などが続いています（図8）。これを、県民所得の数字との関係で見たのが、図9です。縦軸にセンター試験の平均点、横軸に県民所得の額をとっていて、回帰分析の直線を引くと、右肩上がりの直線となります。つまり、県民所得の高い都道府県はセンター試験の平均点も高い傾向にあり、逆に、県民所得の低い都道府県はセンター試験の平均点も低い傾向にあるということです。

ただし、センター試験の平均点のみでどこまで実態に迫れているのかということに関しては、疑問を抱く人も多いかと思います。センター試験の都道府県ごとの平均点は、大学入試センターが発表した数値ではなく（大学入試セン

図８　2006年大学入試センター試験平均点

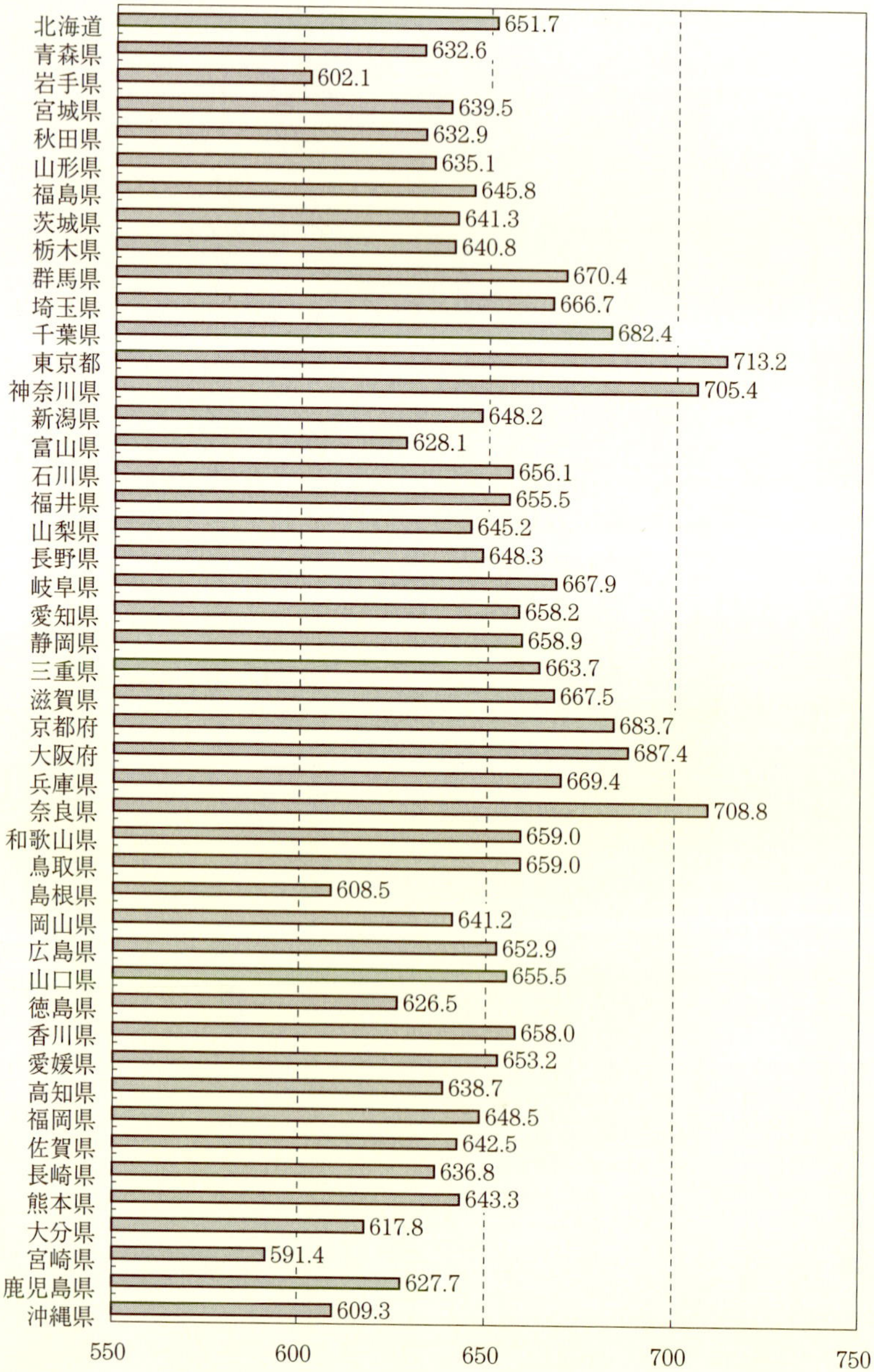

（代々木ゼミナール、受験生の自己採点結果の集計より、単位は点）

図9　県民所得とセンター試験平均点との関係

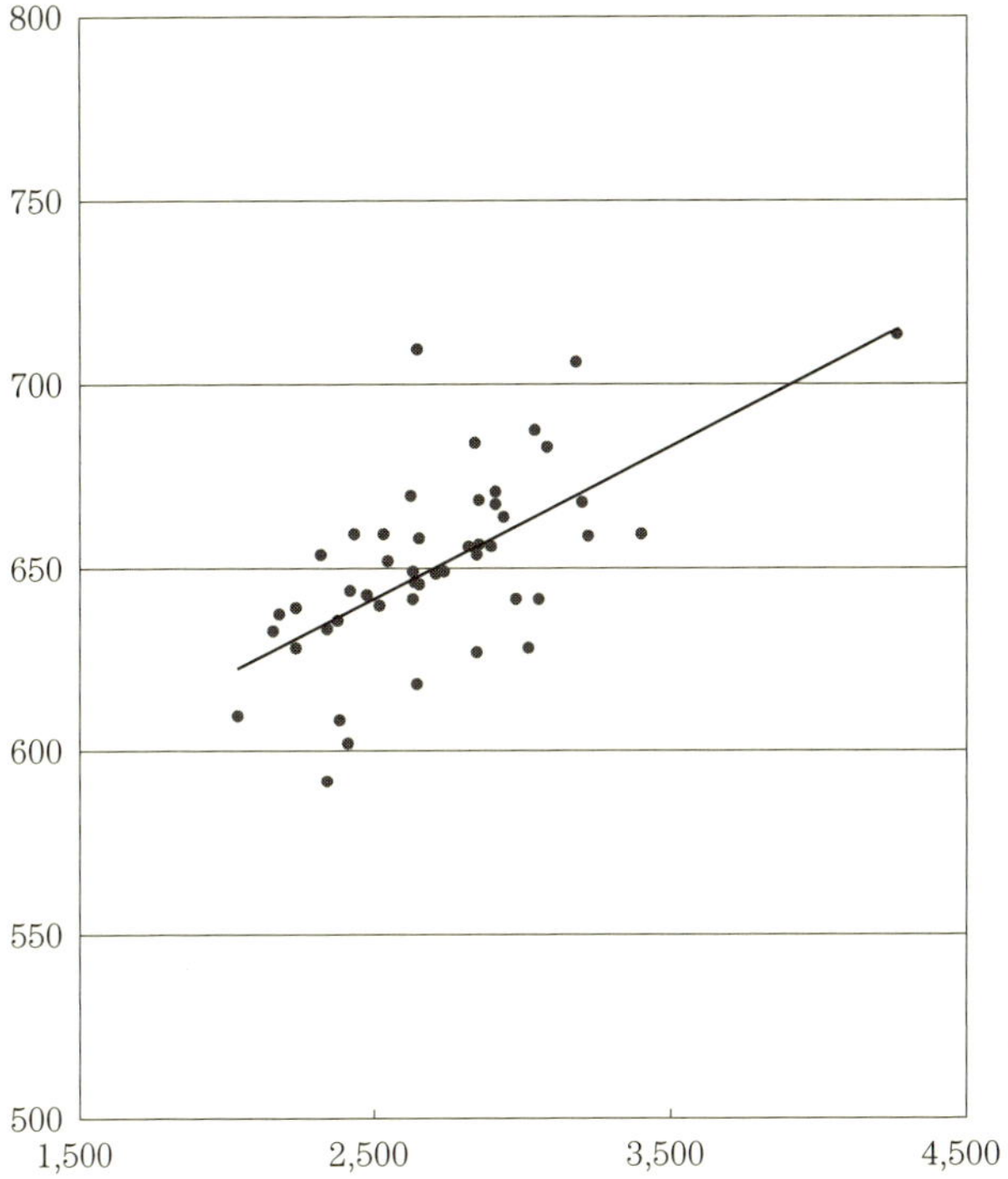

（縦軸：センター試験平均点、横軸：県民所得）

ターは、都道府県別の平均点は「集計していない」としている）、各大手予備校が受験生の自己採点結果を集計して算出したものであり、自己採点結果の集計に参加していない受験生の点数は反映されていないこと、そもそも自己採点も正確ではない場合があること、いわゆる有名大学への合格者数を競うような進学校の私立高校を多く抱える都道府県は、どうしても平均点が高くなりやすい傾向にあること、地域や学校によっては、その地域や学校におけるセンター試験の平均点を高くする目的なのか、日頃の成績があまりかんばしくない生徒にはセンター試験を受験させないところもあったという話も聞きます。しかし、だからといって、経済的な格差と学力との関係を軽くみてよいということにはならないでしょう。

2　東京都の場合

東京都全体における格差の実態

（1）準要保護児童生徒割合の自治体間の差

東京都全体における格差の実態をあらわす指標の一つとして、就学援助を受ける（準要保護）児童生徒の市区別の割合（表5）を、まず見てみましょう。

表5によると、東京都全体では二三・一四％（小学生二一・六四％、中学生二四・四〇％）ですが、市区別にみると大きな差が存在することがわかります。二三区で最も準要保護児童生徒の割合が低いのは千代田区で、六・四五％。都平均の約三分の一です。一方、最も割合が高いのは足立区で、四三・一二％に達しています。千代田区と足立区とでは、七倍近い差があります。一方、多摩地区の市では、最も低いのは青梅市の九・三四％、最も高いのは武蔵村山市の三一・四〇％となっています。二三区ほどではありませんが、それでも両市の間では三倍以上の開きがあります。

足立区での準要保護児童生徒の割合の高さは、いくつかのメディアによって、今日の格差社会の象徴といった位置づけで伝えられています。例えば二〇〇六年一月三日付の『朝日新聞』東京本社最終版は一面で、「市町村から文具代・給食費　就学援助受給四年で四割増」という見出しでこの問題を報道しました。ノンフィクション作家の佐野眞一は、『文芸春秋』二〇〇六年四月号において、「就学援助児四二％ショック　ルポ下層社会——改革に棄てられた家族を見よ」という文章で、足立区の実態を詳細にまとめています。さらに、『週刊エコノミスト』二〇〇六年四月二十五日号も、「ルポ『格差の現場』これは『富の奪い合い』なのか」という記事で足立区の実情を報じています。

（2）経済格差と学力格差との関係

ところで、都教育委員会は、毎年一〜二月頃に都内の公立小学校の五年生と公立中学校の二年生に対し学力テスト

表５　東京都市区別準要保護児童生徒割合（2004年度）

市区	準要保護率	市区	準要保護率	市区	準要保護率
千代田区	6.45%	荒川区	32.54%	日野市	17.25%
中央区	14.23%	板橋区	32.96%	東村山市	16.55%
港区	24.30%	練馬区	24.05%	国分寺市	10.38%
新宿区	21.60%	足立区	43.12%	国立市	18.43%
文京区	15.10%	葛飾区	28.43%	福生市	22.95%
台東区	24.95%	江戸川区	31.01%	狛江市	23.34%
墨田区	34.57%	八王子市	13.74%	東大和市	15.68%
江東区	31.41%	立川市	20.80%	清瀬市	22.28%
品川区	28.59%	武蔵野市	11.91%	東久留米市	16.49%
目黒区	12.10%	三鷹市	16.07%	武蔵村山市	31.40%
大田区	28.23%	青梅市	9.34%	多摩市	23.06%
世田谷区	14.81%	府中市	13.63%	稲城市	17.22%
渋谷区	23.67%	昭島市	22.95%	羽村市	14.74%
中野区	24.65%	調布市	17.46%	あきる野市	11.68%
杉並区	21.13%	町田市	17.05%	西東京市	16.15%
豊島区	21.46%	小金井市	11.18%	（町村部）	（11.23%）
北区	31.77%	小平市	15.39%	（都平均）	（23.14%）

（文部科学省および東京都教育委員会資料より）

を実施し、毎年六月頃にその平均点を公表しています。その平均点は、市区別でも公表されています（町村部については公表していない）。その市区別の学力テストの平均点と、市区別の準要保護児童生徒の割合との相関を調べると、ある傾向が見えてきます。

図10および図11は、縦軸に市区別の学力テストの各教科平均点の合計点をとり、横軸に市区別の準要保護児童生徒の割合をとったものです。いずれも二〇〇四年度の数値で、図10は小学生、図11は中学生について見たものです。

いずれも、回帰分析を行うと、右肩下がりの直線を引くことができます。すなわち、準要保護児童生徒の割合の高い市区ほど、学力テストの成績が振るわず、また、学力テストの成績の高い市区ほど、準要保護児童生徒の割合が低いという傾向にあります。

例えば、二三区で、準要保護児童生徒の割合が小・中学生ともに最も低い千代田区では、学力テストの成績は、ともに二三区で最も高くなってい

図10　東京都各市区小学生
準要保護児童生徒割合と学力テストの成績との関係

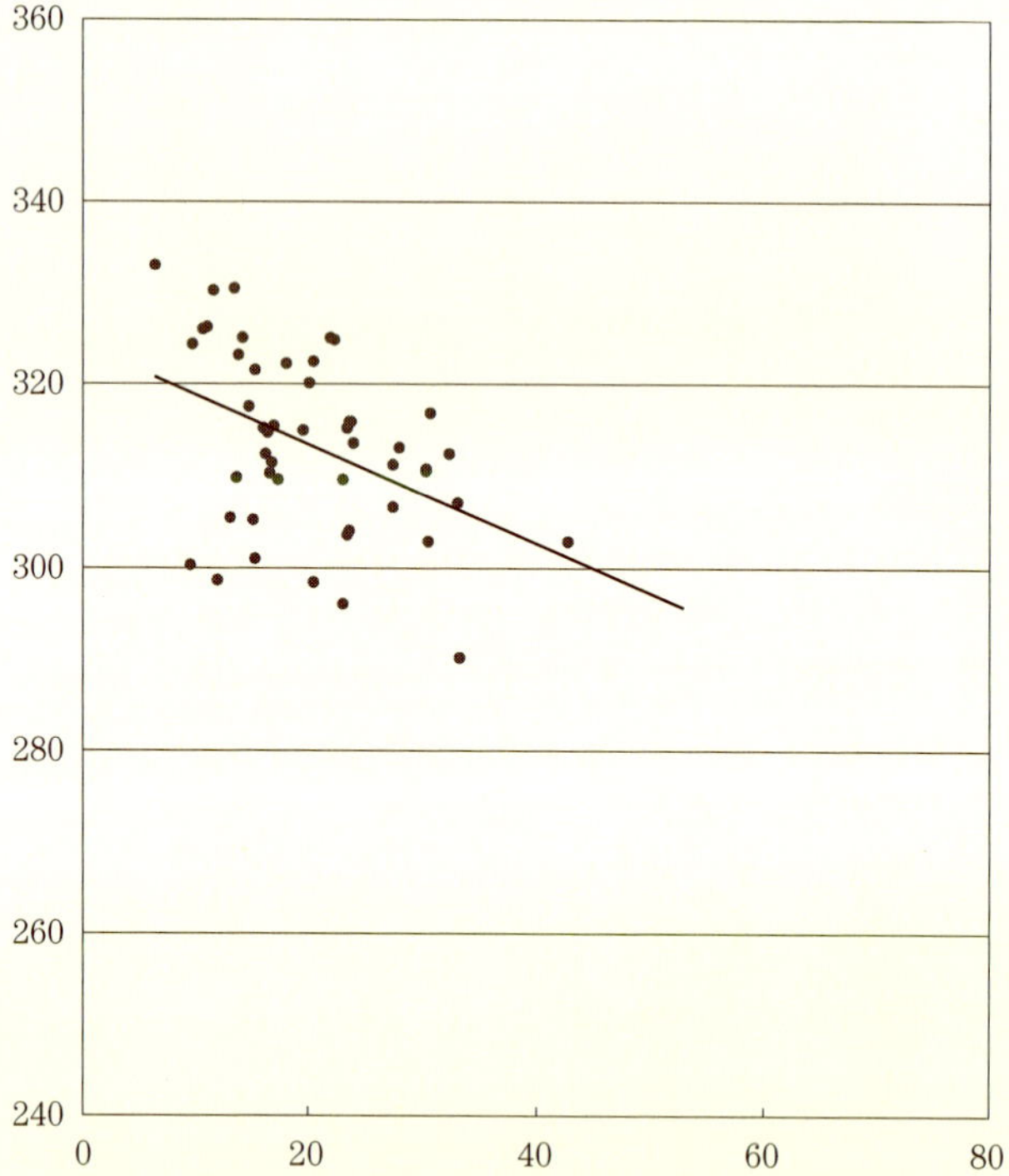

縦軸：学力テストの４教科合計点（05 年１月、都教委実施）
横軸：準要保護児童生徒の割合（04 年度、％）

ます。逆に、二三区で、準要保護児童生徒の割合が小・中学生ともに最も高い足立区では、学力テストの成績は、ともに二三区で最も低くなっています（ただし小学生については、江戸川区と同点での最下位）。

　また、多摩地区の市について見てみると、準要保護児童生徒の割合が小・中学生ともに少ない武蔵野市、小金井市、国分寺市では、学力テストの成績は、ともに多摩地区ではトップクラスとなっています。一方で、準要保護児童生徒の割合が小・中学生ともに最も高い武蔵村山市では、学力テストの成績は、小学生では最下位、中学生では下から二番目となっています。

　このような視点からの分析は、『朝日新聞』も行っています。二〇〇六年三月二十五日付の同紙（東京本社最終版）は、「分裂にっぽん　子どもたち

図11　東京都各市区中学生
準要保護児童生徒割合と学力テストの成績との関係

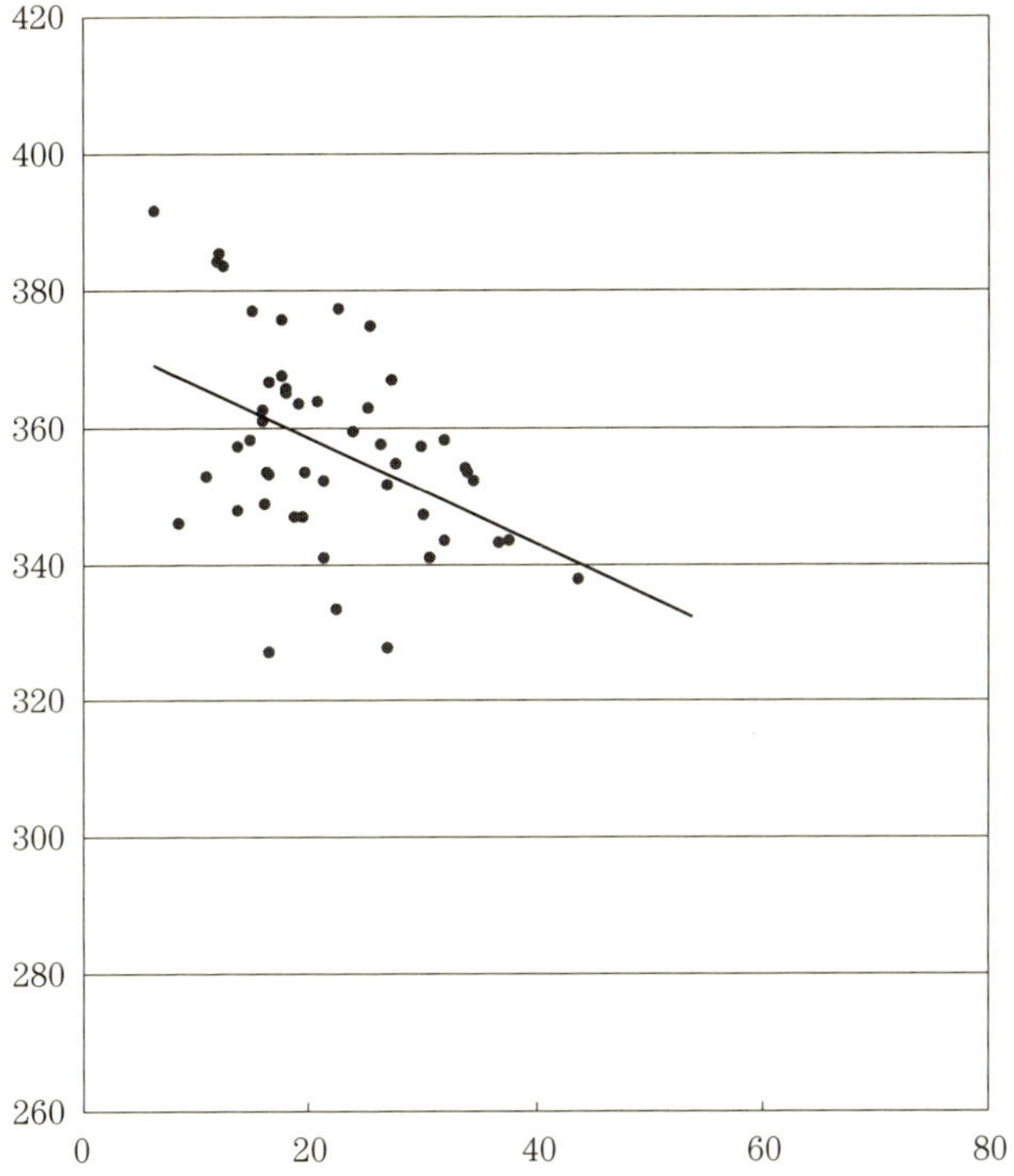

縦軸：学力テストの４教科合計点（05 年１月、都教委実施）
横軸：準要保護児童生徒の割合（04 年度、％）

の足元から　下」という記事において、二〇〇四年度の東京二三区における「就学援助率と学力の相関」という散布図を掲載し、「各区ごとの学力テスト平均点を縦軸、就学援助率を横軸にとると、点の集合は、やはり右肩下がりを示す」と伝えています。

以上から、経済格差と学力格差とが相関関係にあることがうかがえるわけです。

ただし、就学援助の実施主体は市区町村ですから、就学援助の基準は、若干ではありますが自治体ごとに異なっています。つまり、準要保護児童生徒の割合が高いのは、就学援助の基準が緩いからで、低所得層が多いからではないという可能性や、その逆の可能性も考えられます。しかし、準要保護児童生徒の割合が都内で突出している足立区は、就学援助の基準が緩やかなのではなく、むしろ二三区内では厳しいほうなのです。二三区における準要保護の基準は、対象となる前年度の所得が生活保護水準の一・一〜一・三倍以内の家庭となっていますが、足立区は一・一倍以内という基準を設けています。その足立区が、準要保護児童生徒の割合で突出し、しかも学力テストの成績で二三区の最下位にあることには、注意を払う必要がありましょう。

学校ごとに見た経済格差と学力格差との関係

都教委が実施している学力テストについて、足立区と江戸川区は、区教委や各小・中学校のホームページにおいて、学校ごとの平均点も公表しています。この両区について、小・中学校ごとの準要保護児童生徒の割合の一覧を入手し、両者の関係を散布図の形にしてみました。

(1)足立区

足立区の各小・中学校における、準要保護児童生徒の割合と学力テストの各教科平均点の合計点との関係をまとめたのが、図12(小学生)および図13(中学生)です。縦軸に学校別の学力テストの各教科平均点の合計点をとり、横軸に学校別の準要保護児童生徒割合をとっています。いずれも二〇〇四年度の数値です。

いずれも、回帰分析を行うと、右肩下がりの直線を引くことができます。すなわち、準要保護児童生徒の割合の高い学校ほど、学力テストの成績が振るわず、逆に、学力テストの成績の高い学校ほど、準要保護児童生徒の割合が低いという傾向にあるわけです。

先ほど紹介した、二〇〇六年一月三日付の『朝日新聞』は、足立区に関し、「同区内には受給率が七割に達した小学校もある。この学校で六年生を担任する男性教員は、鉛筆の束と消しゴム、白紙の紙を持参して授業を始める。クラスに数人いるノートや鉛筆を持って来ない児童に渡すためだ」と伝えていますが、この小学校は、二〇〇四年度現在で足立区に七三校あった小学校(統廃合により、二〇〇六年度現在七二校)のうち、学力テストの成績が下から四

図12　足立区立各小学校準要保護児童生徒割合と
都教委実施の学力テストの成績との関係

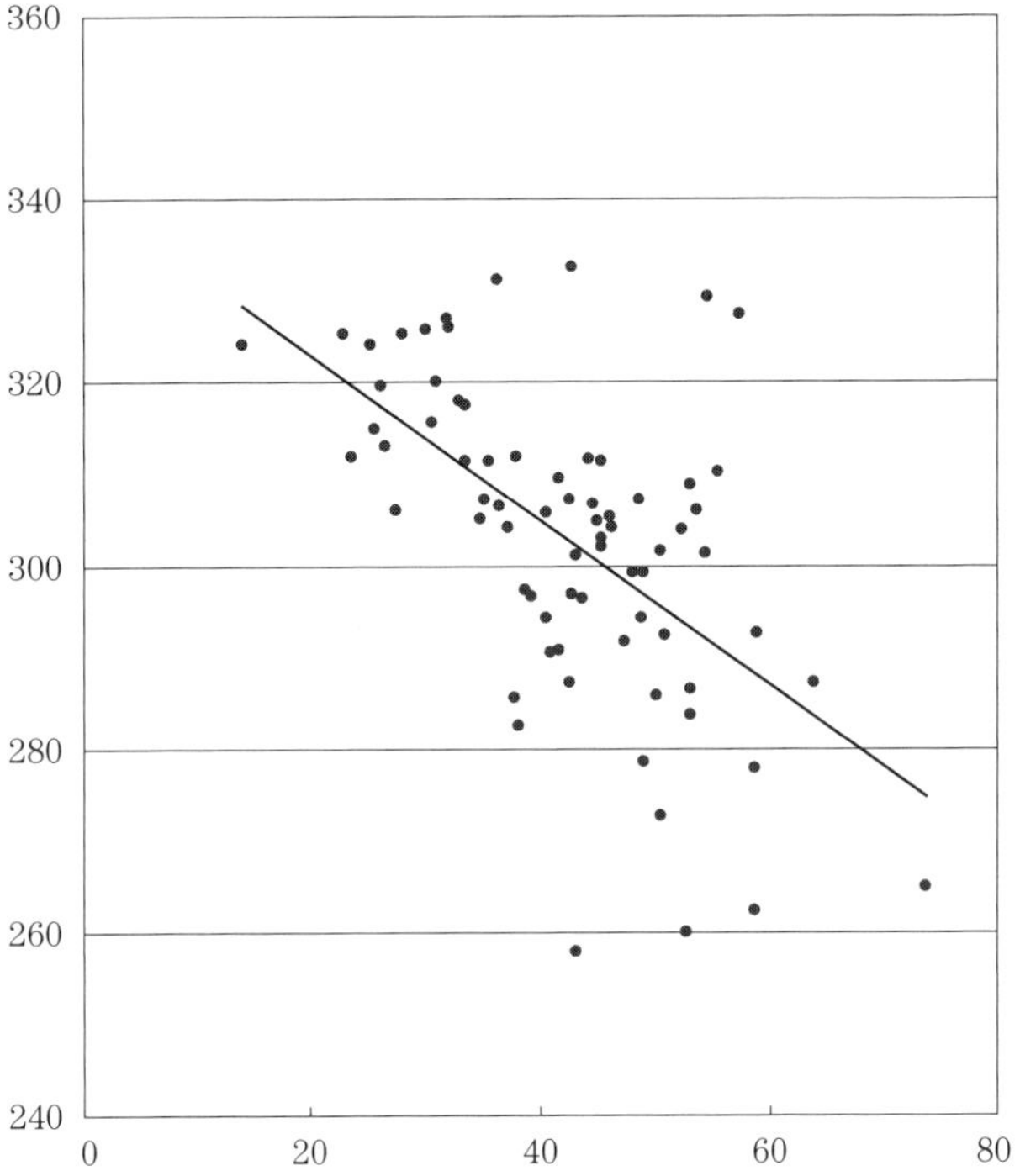

縦軸：学力テストの４教科合計点（05年１月、都教委実施）
横軸：準要保護児童生徒の割合（04年度、％）

番目でした。

　また、私たちが入手した資料によれば、小学校だけでなく、中学校についても、準要保護生徒割合が七割を超えた学校がありました。この中学校は、二〇〇四年度現在で足立区に三八校あった中学校（統廃合により、二〇〇六年度現在三七校）の内、学力テストの成績が下から二番目でした。

　一方、小・中学校ともに、学力テストの成績の良い学校は、概ね準要保護児童生徒割合が低いという傾向が見られます。例えば中学校では、学力テストの成績が区内でトップだった学校では、準要保護生徒割合が区内で下から二番目の低さでした。

　なお、足立区では、都教委実施の学力テストとは別に、区教委も学力テストを行い、学校別の平均点を公表しています。学校別の平均点は、区教委の

図13　足立区立各中学校準要保護児童生徒割合と
都教委実施の学力テストの成績との関係

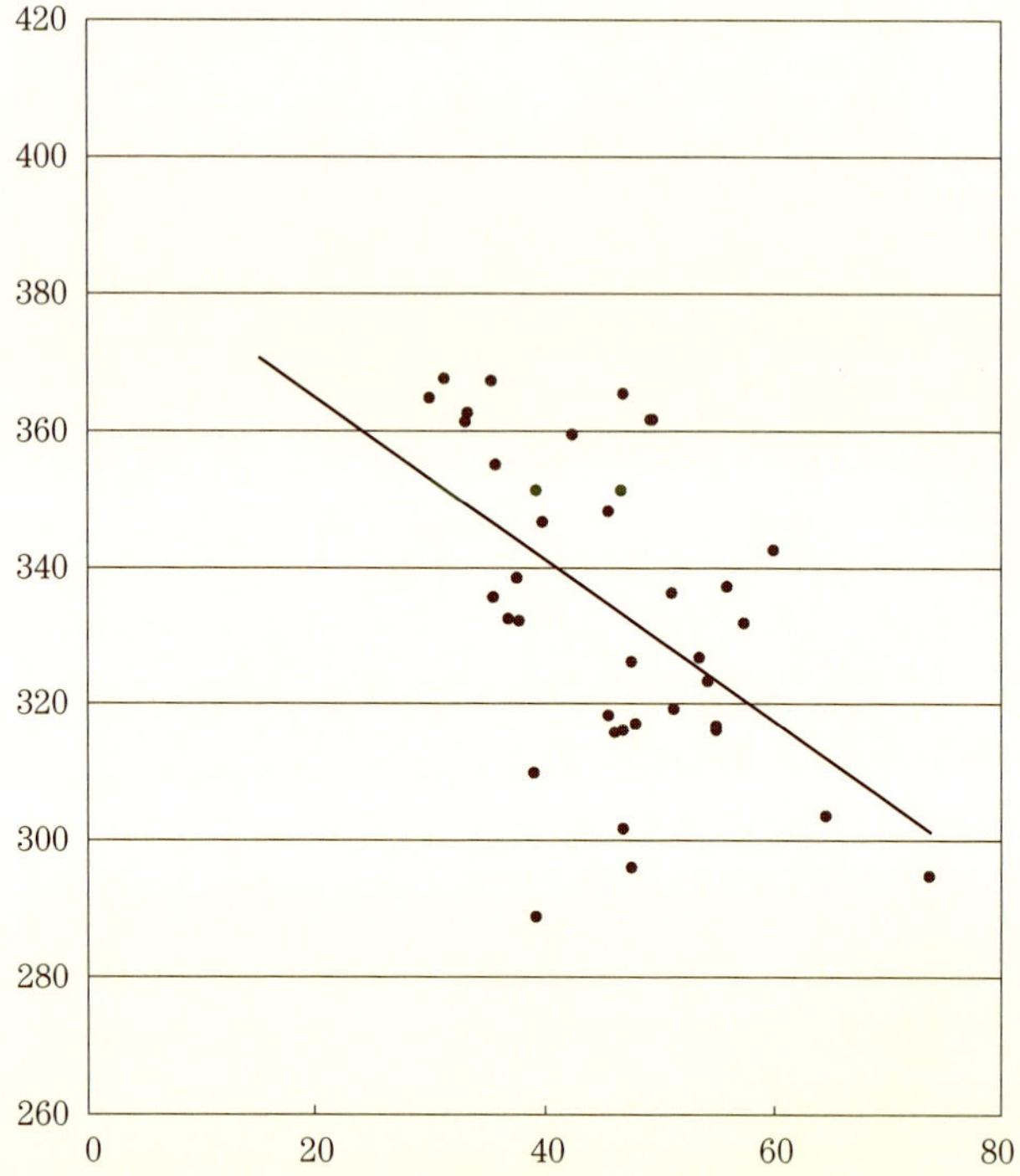

縦軸：学力テストの５教科合計点（05年１月、都教委実施）
横軸：準要保護児童生徒の割合（04年度、％）

ホームページで見ることができます。この区教委実施の学力テストの学校別平均点と、各学校における準要保護児童生徒の割合との関係を明らかにしたのが、図14、図15です。区教委が独自に実施した学力テストは二〇〇五年四月に行われているので、学校ごとの準要保護児童生徒の割合についても、二〇〇四年度のものではなく、二〇〇五年度のものを使用しました。（ただし、二〇〇六年二月末日現在のものであり、二〇〇五年度の確定値ではない。）

すぐにわかるように、図上の点だけからも右肩下がりの傾向がはっきりと読み取れます。また、準要保護児童生徒割合が区内最多の七割超であった小・中学校は、ともに区教委実施の学力テストでは区内で最下位となっています。一方、学力テストの成績の良い学校は、概ね準要保護児童生徒割合も

図14　足立区立各小学校準要保護児童生徒割合と
区教委実施の学力テストの成績との関係

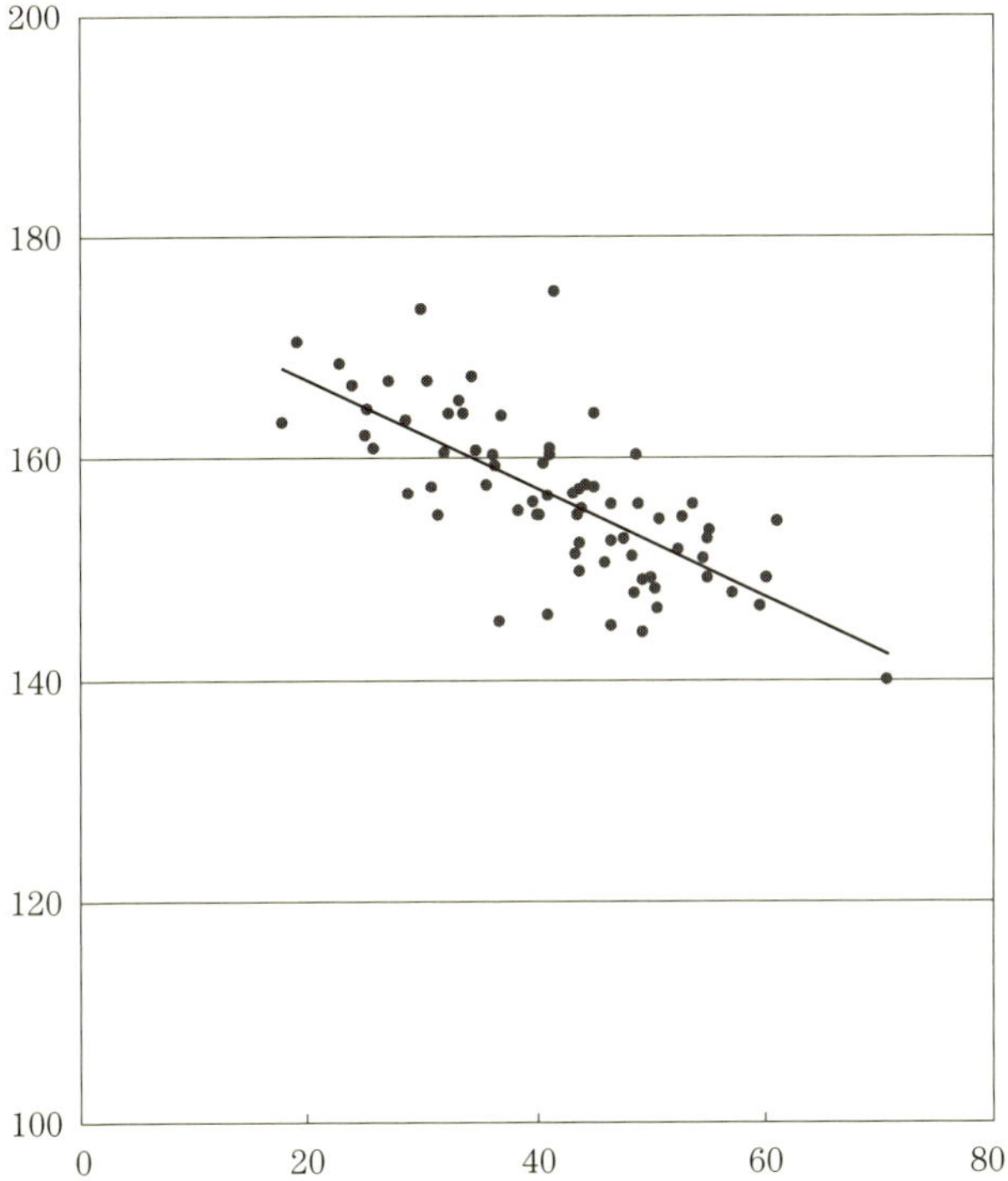

縦軸：学力テストの「各教科平均到達度合計」（05年４月、区教委実施）
横軸：準要保護児童生徒の割合（05年度、％）

低いという傾向が見られます。とくに中学校では、学力テストの成績が区内で一位、二位だった学校では、準要保護生徒割合は区内で下から二番目、一番目となっています。

（2）江戸川区ほか

つぎに江戸川区のケースを見てみます。

江戸川区の準要保護児童生徒の割合は、二〇〇四年度現在で、小学生で三〇・六三％、中学校で三二・〇四％となっており、足立区ほどの高さではないのですが、ともに都全体の平均を上回っています。その江戸川区について、足立区と同様の方法で、各小・中学校における準要保護児童生徒の割合と学力テストの各教科平均点の合計点との関係をまとめたのが、図16（小学生）および図17（中学生）です。いずれも、足立区の場合同様、右肩下がりの直線

図15　足立区立各中学校準要保護児童生徒割合と区教委実施の学力テストの成績との関係

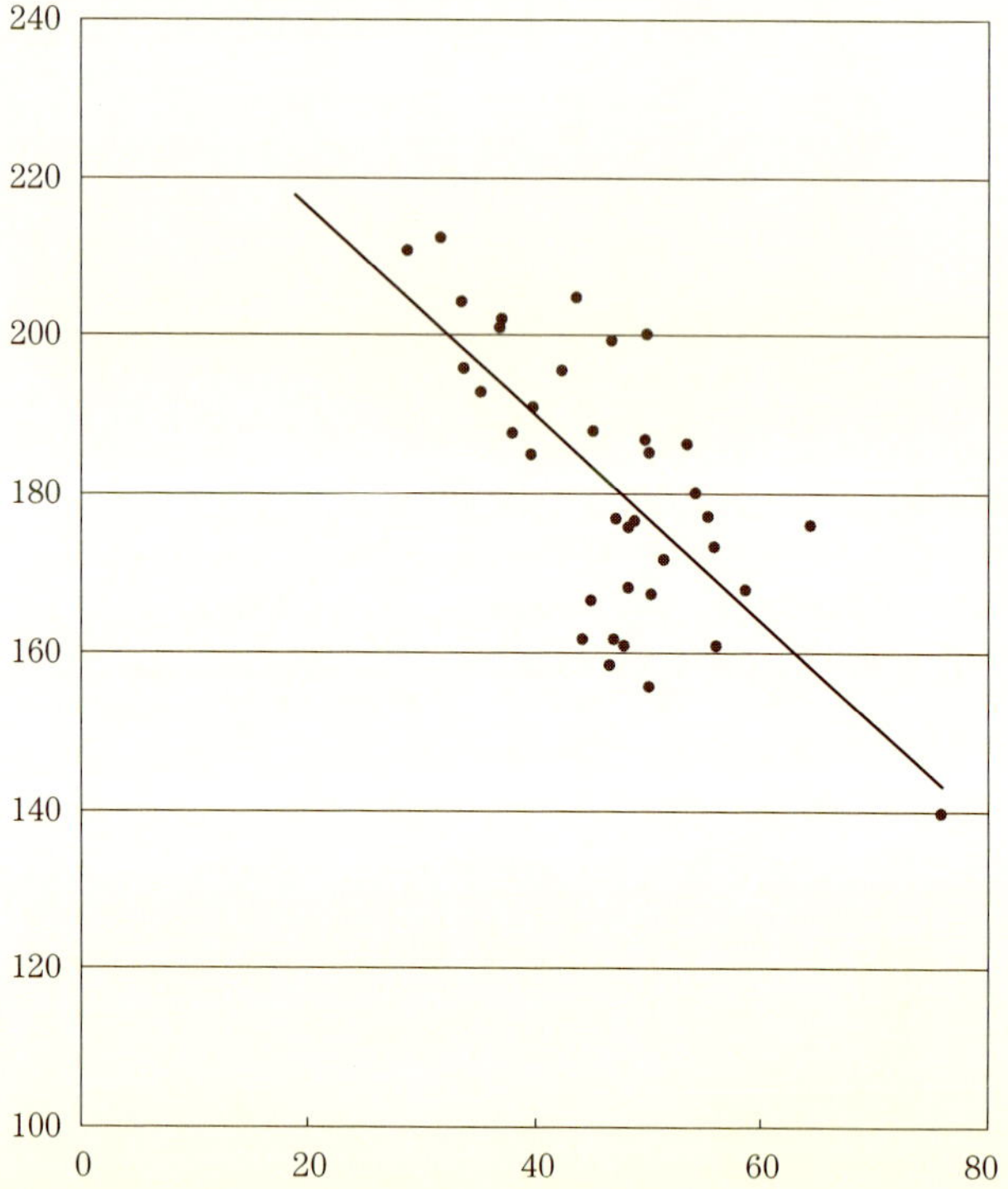

縦軸：学力テストの「各教科平均到達度合計」(05年４月、区教委実施)
横軸：準要保護児童生徒の割合（05年度、%）

を引くことができます。例えば、区内七三小学校のうち、準要保護児童の割合が最も少ない小学校は、学力テストの成績では区内で二位。また、区内三三中学校のうち、準要保護生徒の割合が最も少ない中学校と、二番目に少ない中学校では、学力テストの成績も区内で一位、二位となっています。

なお、東京二三区においては、足立区や江戸川区以外に、荒川区も区が独自に実施した学力テストの学校別の平均点を公表しています。紙幅の都合もあり、図は掲載しませんが、足立区や江戸川区と同様の右肩下がりの直線を引くことができます。ただし、荒川区は、二〇〇四年度現在で小学校が二三校、中学校が一〇校と学校数が少ないため、足立区（二〇〇四年度現在、小学校七三校、中学校三八校）や江戸川区（同、小学校七三校、中学校三三校）

図16　江戸川区立各小学校
準要保護児童生徒割合と学力テストの成績との関係

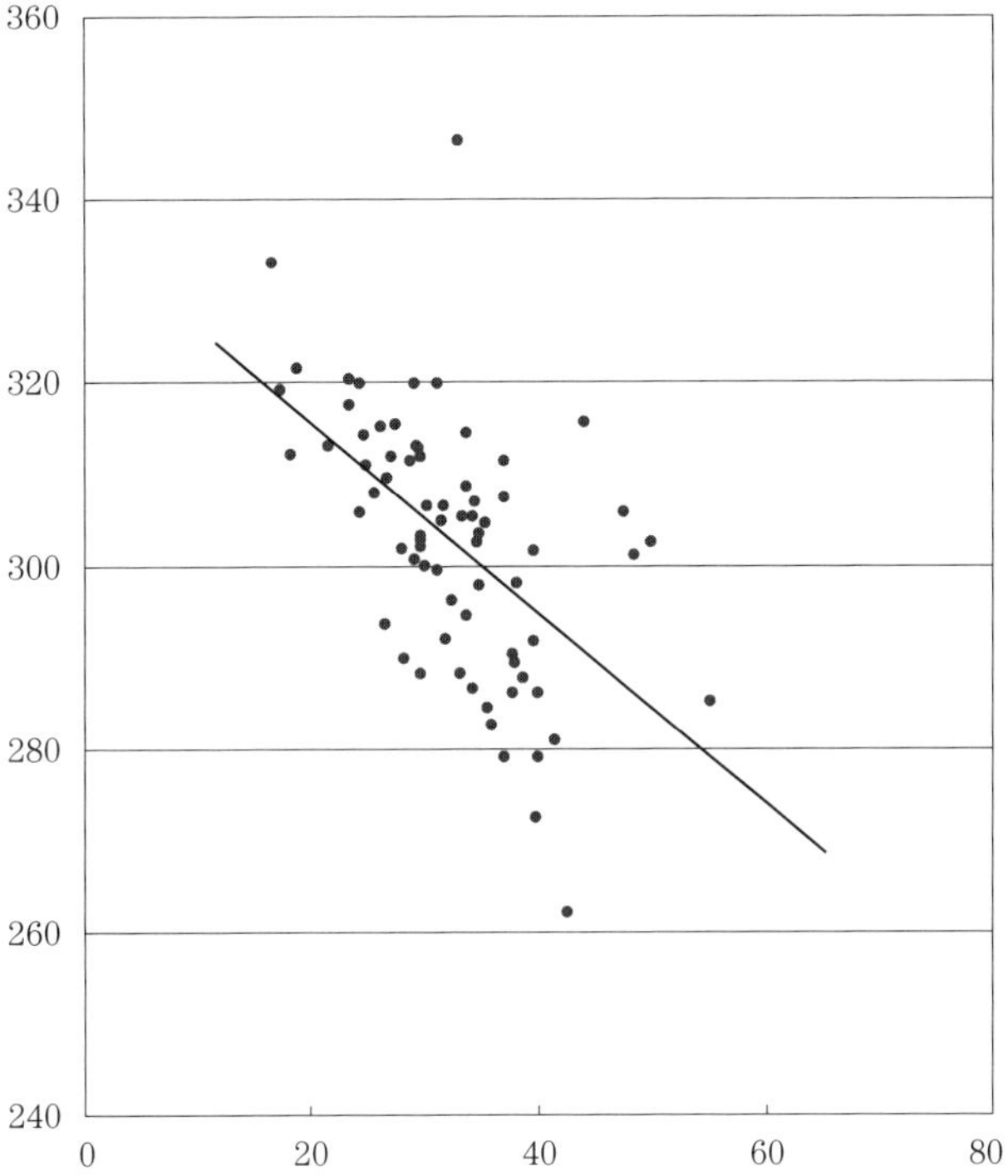

縦軸：学力テストの４教科合計点（05年１月、都教委実施）
横軸：準要保護児童生徒の割合（04年度、％）

よりも統計的な有意性は低いかもしれません。しかし、三つの区で共通の傾向が見られたことからすれば、学校単位で見た場合でも、準要保護児童生徒の割合と学力テストの成績との間には相関関係があると言ってよいでしょう。

経済格差と学力格差との間に何らかの関係があるのではないかということは、これまでも教育関係者などから指摘されてきたことですが、以上のような図から、数字の上からもそれが裏付けられたと言えるでしょう。つまり、学力には家庭の経済力が影響しているということであり、経済格差の拡大は、学力格差の拡大をも招きうるということです。

こうした格差は、子どもたちの将来をも規定していく可能性があります。

足立区は、二〇〇二年度から学校選択制を小・中学校の双方で実施している

図17　江戸川区立各中学校
準要保護児童生徒割合と学力テストの成績との関係

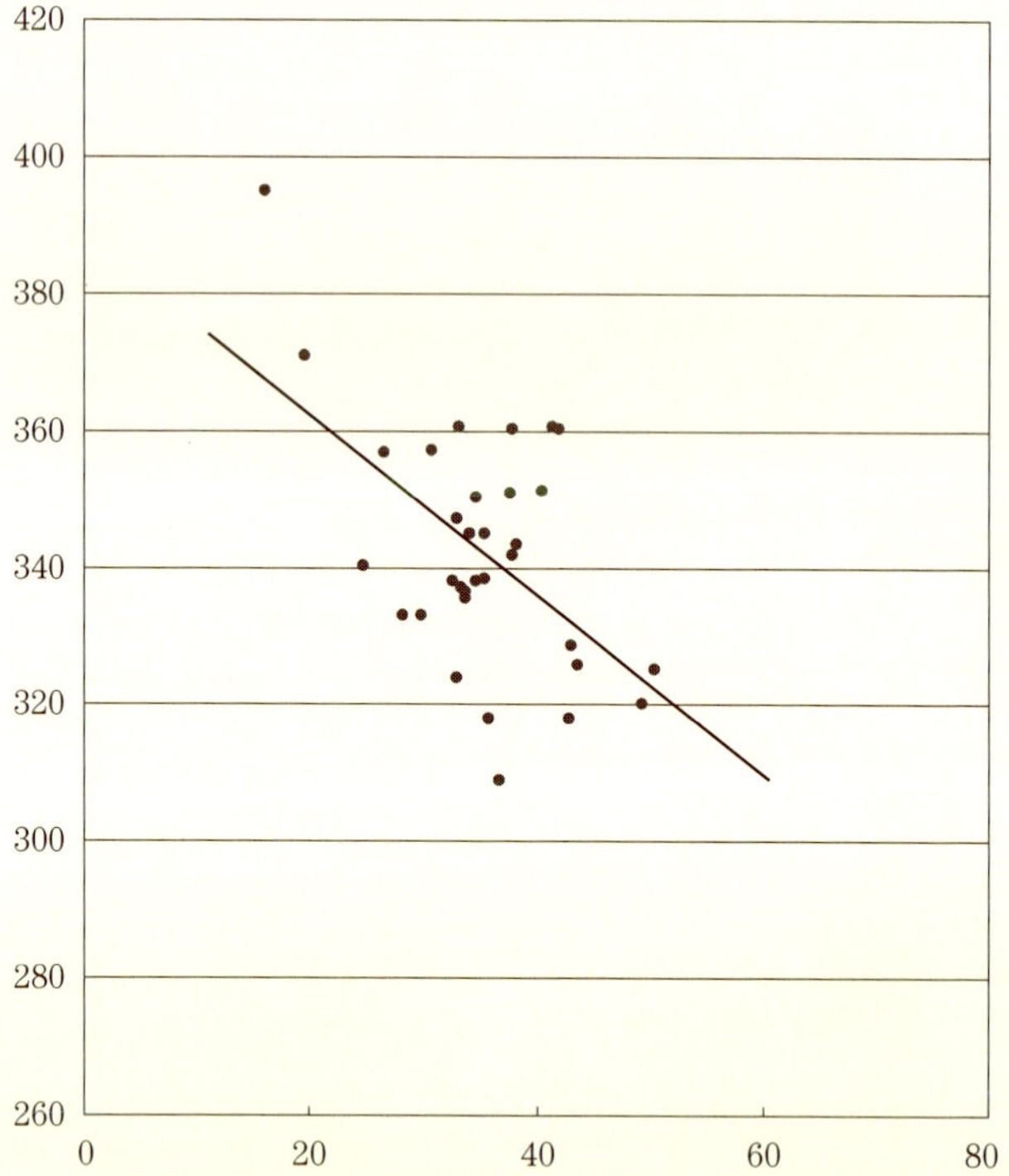

縦軸：学力テストの４教科合計点（05年１月、都教委実施）
横軸：準要保護児童生徒の割合（04年度、％）

関係で、学校ごとの簡単な紹介をまとめた冊子を配布しています。この冊子には小学校版と中学校版とがあり、中学校版には各中学校の卒業生について、何人が高校に進学し、何人が就職したか、また、高校進学者については、何人が公立高校に進学し、何人が私立高校に進学したかといった数値に加え、具体的に、どの高校に何人が進学したかといったことも、過去二年分について掲載しています。

例えば、二〇〇四年度の準要保護生徒の割合が区内最多の七割超だったａ中学校の、二〇〇三～二〇〇四年度の卒業生の主な進学高校としては、偏差値46の都立Ａ高校と、偏差値38～39の都立Ｂ高校とが同数の一位で、三位は偏差値43～44の都立Ｃ高校、四位は偏差値37～38の都立Ｄ高校と、偏差値50～51の都立Ｅ高校などとなっています。

表6　足立区立a中学校とb中学校の生徒の卒業後の進学先（03〜04年度）

	a中学校	b中学校
準要保護生徒割合（04年度）	73.7%（区内で最多割合）	35.7%（区内で下から6番目）
進学先1位	都立A高校（偏差値46）	都立A高校（偏差値46）
進学先2位	都立B高校（偏差値38〜39）	都立F高校（偏差値58）
進学先3位	都立C高校（偏差値43〜44）	都立G高校（偏差値54〜55）
進学先4位	都立D高校（偏差値37〜38）	都立H高校（偏差値63〜64）
進学先5位	都立E高校（偏差値50〜51）	都立I高等専門学校

偏差値は『首都圏版　平成18年度高校入試用合格資料集』（声の教育社）より。
なお、都立Ｉ高等専門学校の偏差値については掲載なし。

一方で、二〇〇四年度の準要保護生徒の割合が、区内三八校中下から六番目であるｂ中学校の、二〇〇三〜二〇〇四年度の卒業生の主な進学高校は、一位は同じく都立Ａ高校ですが、二位は偏差値58の都立Ｆ高校、三位は偏差値54〜55の都立Ｇ高校、四位は偏差値63〜64の都立Ｈ高校、五位は都立Ｉ高等専門学校となっています。六位は都教委が「進学重点校」として位置づけている、偏差値65〜66の都立Ｊ高校です。この中学校は、地元では〝進学校〟として知られています（表６）。

このように、家庭の経済力が子どもの学力に影響し、学力が進学先に影響し、さらには進学先が将来の職業などの生活状況に影響するという可能性は大いにあります。おそらく収入額も異なってくるでしょう。そうなると、世代間のサイクルを経て格差が拡大し、固定化することにもつながりかねないということになってきます。

なお、ａ中学校の進学先で二位の都立Ｂ高校、および四位の都立Ｄ高校は、都教委の資料によれば中退率が高く、二〇〇四年度において、それぞれ七・七％、一三・〇％となっています。都立の全日制高校全体では二・四％ですから、両高校ともかなり高い数値ということになります。（Ｄ高校は都立全日制高校全体でも最も退学率が高く、また、Ｂ高校も上から四番目の高さ。）このような状況が、いま盛んに論議されている「フリーター」や「ニート」の問題と無関係ということにはならないでしょう。

3　神奈川県の場合

神奈川県全体における格差の実態

東京都の場合と同様に、まず、就学援助を受ける、準要保護児童生徒の市町村別の割合を見ておきましょう（表7）。

準要保護児童生徒の割合は、県全体では一〇・五〇％（小学生一〇・三六％、中学生一〇・八四％）ですが、市別でみると、最も高い大和市が二九・九六％、最も低い逗子市が五・九七％、町村部でも、最も高い葉山町の一一・二八％と、最も低い真鶴町の二・五九％との間には大きな差があります。

また、二〇〇四年度の横浜市の区別の準要保護児童生徒の割合を示したのが表8です。最も高いのが瀬谷区の一八・三三％、最も低いのが青葉区の五・八九％で、同じ横浜市内でも、最も高い区と最も低い区との間には、約三倍の開きが存在しています。さらに、二〇〇四年度の川崎市の場合（表9）、川崎区の九・六六％と麻生区の四・五六％とでは二倍強の開きがあります。なお川崎市は、準要保護児童生徒の割合は六・五八％で、県平均の一〇・五〇％を下回っていますが、要保護児童生徒（生活保護世帯に対して支給される教育扶助を受ける児童生徒）の割合は、二〇〇四年度現在で、県平均の一・三九％に対し、二・三八二％となっており、県内で最も高くなっています。

神奈川県内で最も準要保護児童生徒の割合が高い大和市は、横浜市内で最も割合の高い瀬谷区と、境川という川を挟んで隣接しています。つまり神奈川県内では、この地域が最も準要保護児童生徒の割合が高い地域ということになります。大和市は「ニュー・カマー」と呼ばれる外国籍の児童生徒が多いことでも知られており、また横浜市瀬谷区

表7　神奈川県市町村別準要保護児童生徒割合（2004年度）

市町村	準要保護率	市町村	準要保護率	市町村	準要保護率
横浜市	10.98%	大和市	29.96%	山北町	4.46%
川崎市	6.60%	伊勢原市	7.94%	開成町	8.31%
横須賀市	11.99%	海老名市	7.10%	箱根町	7.91%
平塚市	8.92%	座間市	14.67%	真鶴町	2.59%
鎌倉市	8.75%	南足柄市	7.97%	湯河原町	3.46%
藤沢市	14.02%	綾瀬市	12.91%	愛川町	8.18%
小田原市	7.04%	葉山町	11.28%	清川村	8.51%
茅ヶ崎市	9.02%	寒川町	9.06%	城山町	8.14%
逗子市	5.97%	大磯町	3.96%	津久井町	7.86%
相模原市	10.20%	二宮町	6.30%	相模湖町	6.08%
三浦市	20.25%	中井町	3.75%	藤野町	2.60%
秦野市	7.25%	大井町	4.19%	（県平均）	（10.50%）
厚木市	12.08%	松田町	4.67%		

（文部科学省および神奈川県教育委員会資料より）

表8　横浜市区別準要保護児童生徒割合（2004年度）

区	準要保護率	区	準要保護率	区	準要保護率
鶴見区	10.15%	保土ヶ谷区	13.36%	青葉区	5.89%
神奈川区	13.00%	旭区	13.21%	都筑区	7.05%
西区	10.98%	磯子区	11.23%	戸塚区	10.76%
中区	12.05%	金沢区	9.37%	栄区	11.36%
南区	13.02%	港北区	8.83%	泉区	14.14%
港南区	10.76%	緑区	12.92%	瀬谷区	18.33%

（横浜市教育委員会資料より）

表9　川崎市区別準要保護児童生徒割合（2004年度）

区	準要保護率	区	準要保護率	区	準要保護率
川崎区	9.66%	高津区	7.34%	麻生区	4.56%
幸区	8.09%	宮前区	6.34%		
中原区	4.72%	多摩区	5.68%		

（川崎市教育委員会資料より）

は、横浜市内でも最も公営住宅の多い地域となっています。準要保護児童生徒の割合が高いことからくる格差の問題の分析には、こうした地域事情も重要な要素となってきます。本書では、紙幅の関係でこのような地域の具体的な状況についての分析は行いませんが、格差克服に向けた研究においては、非常に重要な位置を占めるということだけは述べておきます。

経済格差と高校進学との関係

つぎに、経済格差と高校進学との関係を見てみましょう。

神奈川県の公立高校は二〇〇四年度の入学試験まで、一八の学区に分けられていました（横浜東部、横浜北部、横浜西部、横浜中部、横浜南部、横浜臨海、川崎南部、川崎北部、横須賀三浦、鎌倉藤沢、茅ヶ崎、平塚、秦野伊勢原、県西、厚木海老名愛甲、大和座間綾瀬、相模原南部、相模原北部津久井）が、公立高校の学区撤廃や学区緩和という全国的な流れの中で、神奈川県も二〇〇五年度入試より、全県一区の学区という形に改められ、旧学区の枠を超えた受験が可能となりました。

二〇〇四年度入試まで設けられていた一八学区のうち、川崎市高津区、宮前区、多摩区、麻生区で構成されていた旧川崎北部学区には、県立の麻生高校、生田高校、生田東高校、川崎北高校、菅高校、多摩高校、百合丘高校、そして川崎市立高津高校の計八校が属していました。同学区において偏差値が高いとされる県立A高校（二〇〇五年度入試における偏差値は62～66、『首都圏版　平成十八年度高校入試用合格資料集』声の教育社）と、偏差値が低いとされる県立C高校（同39～44）、それにほぼ中位である県立B高校（同50～55）の三校に、二〇〇五年度現在で、それぞれの市立中学校の出身者が何名ずつ在籍しているか、そして、各市立中学校において、準要保護生徒がどの程度の割合で在籍しているのかを一覧にしたのが表10です。

これを見ると、川崎北部学区内に位置する二八の市立中のうち、二〇〇四年度の準要保護生徒の割合が最も高い一

表10　神奈川県立高校　旧川崎北部学区　各県立高校の出身中学校別在籍者数一覧（04年度）と各出身中学校の準要保護生徒割合（04年度）

中学校	A高校 偏差値62～66	B高校 偏差値50～55	C高校 偏差値39～44	準要保護生徒 割合（%）
a中学校出身者	15人	26人	30人	12.8%
b中	14	24	13	11.7%
c中	9	25	21	11.4%
d中	16	13	30	11.3%
e中	8	29	27	9.9%
f中	30	26	12	8.9%
g中	16	36	16	8.9%
h中	49	51	71	8.5%
i中	22	31	11	8.4%
j中	22	39	10	8.4%
k中	20	13	8	8.2%
l中	22	36	32	8.0%
m中	15	9	12	7.9%
n中	33	35	19	7.8%
o中	20	11	45	7.5%
p中	28	28	20	7.0%
q中	28	40	23	7.0%
r中	50	35	41	6.6%
s中	16	23	17	6.5%
t中	19	13	7	6.5%
u中	30	28	16	6.4%
v中	7	16	28	6.3%
w中	26	13	9	6.3%
x中	13	18	25	6.1%
y中	37	47	26	5.2%
z中	23	10	13	5.2%
α中	35	33	13	3.6%
β中	19	7	2	2.3%
合計（平均）	642人	715人	597人	（7.9%）

偏差値は『首都圏版　平成18年度　高校入試用　合格資料集』（声の教育社）による
各高校の出身中学校別在籍者数は各高校の学校要覧による
準要保護生徒割合は川崎市教育委員会資料による

表11　入試の平均点と授業料減免者数・滞納者数

	W高校	X高校	Y高校	Z高校
91年度授業料減免者数	1	0	44	44
91年度授業料滞納者数	30	19	183	324
92年度入試　内申点の平均点	160	140	71	71
92年度入試　ア・テストの平均点	56	49	25	23
92年度入試　入試素点の平均点	224	206	108	100
91年度中途退学者数	1	5	78	96

（神奈川教育文化研究所『ねざす』No.16、7頁より）

二・八％であるａ中学校の出身者は、Ａ高校に一五名、Ｂ高校に二六名、Ｃ高校に三〇名が在籍しています。逆に、準要保護生徒の割合が最も低い二・三％であるβ中の出身者は、Ａ高校に一九名、Ｂ高校に七名、Ｃ高校に二名が在籍しており、偏差値上位校に多く在籍する傾向にあります。準要保護生徒の割合が二番目に低い三・六％であるα中学校の出身者も、Ａ高校に三五名、Ｂ高校に三三名、Ｃ高校に一三名というように、β中学校と同様の傾向を示しています。つまり、準要保護生徒の割合が高い中学校では、偏差値上位よりも偏差値下位の高校への進学者が多くなり、準要保護生徒の割合の低い中学校では、偏差値下位の高校よりも偏差値上位の高校への進学者が多くなる、という傾向にあるというわけです。

私立高校への進学率の差に経済格差が現れるというのは、学費の問題を考えれば容易に想像できますが、同じ公立高校であっても、経済格差が進学動向に影響を与えているということになります。こうしたことは、中野和巳の先行研究（中野和巳「学校間格差と課題集中校」神奈川教育文化研究所『ねざす』No.16、一九九五年十月号、四～一三頁）によっても明らかにされています。

中野は、県内のある学区の上位二校と下位二校とを比較し、内申点やアチーブメント・テスト、入試素点の平均点が高い高校は、授業料減免者数や授業料滞納者数が少なく、逆に、それらの平均点が低い高校は、授業料減免者数や授業料滞納者数が多いことを、具体的な数字で示しています（表11）。〔以前の神奈川県の公立高校入試においては、①内申点、②中学二年生を対象に行われるアチーブメント・テスト（ア・テスト）の点数、③入試素点（入試当日に行われる試験の点数）の三つの

合計点で合否が決定されていました。現在は、一般入試に関しては内申点と入試素点から合否が判定されています。〕

ところで、偏差値上位のA高校と下位のC高校とでは、卒業後の進路や中退率にもかなりの違いが見られます。両校の学校要覧によれば、二〇〇四年度卒業生の進路は、A高校では「進学」が六七・五%（うち「国公立大」「私立大」「短期大」への進学が八九・四%）、「予備校等」が三二・五%で、「就職」や「その他」は〇%でした。一方、C高校では、「進学」が六五・七%ですが、内容を見ると、そのうちの六四%は「専修学校等」となっており、A高校とは特徴がちがいます。また、A高では〇%であった「就職」や「その他」も、C高校では一四・〇%、一二・六%となっています。また、両校は中退率にもかなりの差があります。県教委の資料によれば、二〇〇四年度において、A高校の中退率は〇・一%でしたが、C高校は四・七%となっています。

神奈川県では現在、県教育委員会が「県立高校改革」を進めており、県立高校の統廃合を進めている他、単位制普通科高校や総合学科高校といった、新しいタイプの県立高校を設置しています。また、すべての県立高校において「特色づくり」や「魅力づくり」を進めている他、今後は県立の中等教育学校（中高一貫校）も二校設置する予定であり、県立高校の姿が大きく変わろうとしています。

学区制の廃止と併せ、単位制高校や総合高校、また今後設置される中等教育学校などに人気が集中すると、これが進学校のような形になり、学校間格差の拡大をうながす可能性もあります。また、いまのところその予定はないようですが、東京都立高校のように、いくつかの高校を進学重点校とするようなことが行われれば、学校間格差の拡大につながることは避けられません。「県立高校改革」については、経済格差や教育格差という点からも検討していくことが必要です。

4　埼玉県の場合

準要保護児童生徒割合の自治体間の差

これまでと同様に、まず、就学援助を受ける（準要保護）児童生徒の市別の割合を見てみましょう（表12）。〔表にはありませんが、埼玉県全体では九・二三九％（小学生九・二二％、中学生九・二八％）となっています。〕

県全体で見ると、北部や西部など、都心から遠い地域では準要保護率が低い一方で、南部や東部など、都心から近い地域で準要保護率が高い傾向にあります。より正確に言えば、さいたま市の東側の地域または西側の地域に準要保護率の高い市が目立っています。さいたま市の東側としては、旧・岩槻市、春日部市、鳩ヶ谷市などが、西側としては、川越市、所沢市、富士見市などが挙げられます。

なお、準要保護児童生徒の割合が最も高いのは鳩ヶ谷市ですが、要保護児童生徒（生活保護世帯に対して支給される教育扶助を受ける児童生徒）の割合が二〇〇四年度現在で最も高いのは、八潮市となっています。この他に、要保護児童生徒の割合の高い市としては、一・六八％の川口市、一・六六％の富士見市、一・五〇％の上福岡市などがあります。要保護率の最も高い八潮市、二番目に高い川口市、準要保護率が最も高い鳩ヶ谷市はいずれも、東京都内で最も要保護児童生徒および準要保護児童生徒の割合が高い足立区と、川を挟むなどして隣接しています。

県立高校等における授業料減免者数（率）の推移

つぎに、県立高校生徒等の授業料減免者やその割合の推移を見てみます（表13）。

県教育局財務課によると、現在、県内で毎月九六〇〇円の県立高校の授業料を全額免除されるのは、生活保護世帯のほか、家族全体の年間収入が、生活保護法に基づいた最低生活費（四人家族で年収三二〇万円前後）の一・三倍未

表12　埼玉県市町村別準要保護児童生徒割合（2004年度）

市	準要保護率	市	準要保護率	市	準要保護率
さいたま市	6.37%	羽生市	6.16%	桶川市	4.63%
川越市	15.10%	鴻巣市	3.91%	久喜市	10.78%
熊谷市	10.57%	深谷市	6.82%	北本市	6.00%
川口市	11.13%	上尾市	6.09%	八潮市	11.73%
行田市	6.67%	草加市	9.22%	富士見市	13.95%
秩父市	5.92%	越谷市	15.17%	上福岡市	8.74%
所沢市	16.37%	蕨市	8.27%	三郷市	8.06%
飯能市	8.46%	戸田市	8.52%	蓮田市	9.13%
加須市	8.28%	入間市	6.97%	坂戸市	10.32%
本庄市	8.62%	鳩ヶ谷市	21.34%	幸手市	14.00%
東松山市	7.07%	朝霞市	7.63%	鶴ヶ島市	9.63%
旧・岩槻市	18.22%	志木市	9.88%	日高市	4.70%
春日部市	14.93%	和光市	6.07%	吉川市	7.35%
狭山市	9.73%	新座市	9.77%	（町村部）	（5.70%）

（文部科学省および埼玉県教育委員会資料より）

表13　埼玉県立高校生徒等　授業料減免者数・減免金額等の推移

年度	児童生徒数	減免者数	減免者割合	減免総額
2000年度	135,335人	7,558人	5.6%	724,076千円
2001年度	131,645人	8,376人	6.4%	807,439千円
2002年度	126,822人	9,394人	7.4%	915,745千円
2003年度	123,000人	10,405人	8.5%	1,035,724千円
2004年度	120,383人	11,288人	9.4%	1,144,307千円
2005年度	117,014人	11,941人	10.2%	1,246,457千円

（埼玉県教育委員会資料より。なお、これらの数字には、県立幼稚園の児童も含まれている。）

満の家庭となっています。また、「一・三倍以上一・五倍未満」であれば、半額免除となるとのことです（二〇〇六年二月十一日付『読売新聞』埼玉版）。

長引く不況を背景に、県立高校生徒等における授業料減免者数は年々増加しています。授業料減免者の割合も、二〇〇〇年度の五・六％が二〇〇五年度は一〇・二％に達しています。減免総額は二〇〇〇年度には七億二四〇七万六千円でしたが、二〇〇五年度は一二億四六四五万七千円になっており、この六年間で一・七倍になっています。

授業料減免者数の増加と

いう事態を受け、埼玉県は、県立高校の授業料減免基準の引き上げを検討しています。二〇〇六年二月十一日付の『産経新聞』埼玉版によると、「県は減免の対象を『真に適用が必要な者』に絞ると同時に、貸与金が返還される奨学金制度を拡充し、県の負担を抑えたまま支援制度の利用者増を図る方針」で、具体的には、二〇〇六年三月二十一日付の『読売新聞』埼玉版によると、授業料減免の可否の境目を、市町村民税の所得割額が非課税となる世帯かどうかで判断することとし、両親と子ども二人の世帯の場合、両親それぞれの年収が三二七万二千円以下であれば、授業料を全額免除する方向で検討中だとのことです。この新基準が導入された場合、二〇〇九年度には、現行基準を継続した場合と比べ、減免者数が約三六％減になり、金額面では約五億円の圧縮になるということです。

確かに、増え続ける授業料減免者が県財政を圧迫しているのは事実でしょうが、好況で、それなりの収入が得られる仕事が世の中に満ちあふれているならともかく、不況で、長時間労働の割には低賃金で、かつ不安定な雇用形態の仕事の多い現状において、授業料減免基準を引き上げるのは、不適切な措置ではないでしょうか。そうした雇用状況、経済状況の下、授業料減免の対象を「真に適用が必要な者」に絞った結果、まさにその適用が必要な者がその制度からはじかれることにならないか、危惧を覚えます。

埼玉県の上田知事は、二〇〇六年二月二十三日の県議会本会議で、「雇用の調整や給与体系の見直しなど、格差の拡大につながる事態が生じることは、つらいがやむを得ない部分もある」と述べた一方で、「所得の不平等性を示す指標の上昇や、生活保護世帯が一〇年前に比べ六割以上も増えていることなど、統計上は格差は拡大している」、「敗者を生み出さないセーフティーネットが必要だ」とも述べたということです（二〇〇六年二月二十四日付『読売新聞』埼玉版）。格差拡大に肯定的とも否定的ともつかない発言ですが、上田知事が必要と述べたセーフティーネット（安全網）として授業料減免の措置は重要な位置を占めるのではないでしょうか。授業料減免や奨学金の問題は、財政論とは一定の距離をおいて、教育の機会均等という視点を中心に考えるべきものではないでしょうか。

5　大阪府の場合

表15に見るように、大阪市は五年間で、就学援助率が一〇%に近い伸び（八・九三%）を示しています。これは家計状態の格差拡大を顕著に示しています。

大阪府立高校に通う生徒の中に、家計が苦しいために、大学進学を諦めたり、授業料未納で「退学」を勧告されたり、修学旅行に行けないなどの、生徒が増えていることもうなづけます。府立高校の授業料は一カ月一万二〇〇〇円と全国一高く、奨学金は授業料＋一〇万円ですから、これでは通学費や部活動費、修学旅行の費用などは賄えません。これに追い打ちをかけているのが、大学への奨学金と生活保護家庭に対する授業料減免をめぐる制度変更です。府立高校の中でも、進学校では授業料免除の受給率は五%ほどなのに、教育困難校では六〇%にもなっているところがあると言われています。

文科省の調査では、全国の都道府県立高校で、授業料の免除や減額（減免）を受ける生徒の割合が二〇〇四年度で八・八%（一一人に一人）でした。都道府県別では、大阪が最も高く二四・六%、最低は静岡の二・〇%となっています。このことは授業料減免率が学校によって大きく差があることを伝えています。最高六〇・九%、最低五・四%。進学校では低く、困難校では高いことから「現状として、親の収入の差が学歴間、学力間の格差を生んでいると懸念しています」（NHKニュース）。詰め込み教育、受験地獄が批判され、ゆとり教育路線になってから、公立学校の教育内容に不満を持つ者が塾に通いはじめ、教育にお金がかかるようになってきています。おそらく私学志向はこれからもっと進むと考えられます。経済的に余裕のある者は、小学校、中学校から子どもを私学に入れることを考えるようになっています。

図18　2004年度大阪府各市町村学校における準要保護児童生徒の割合

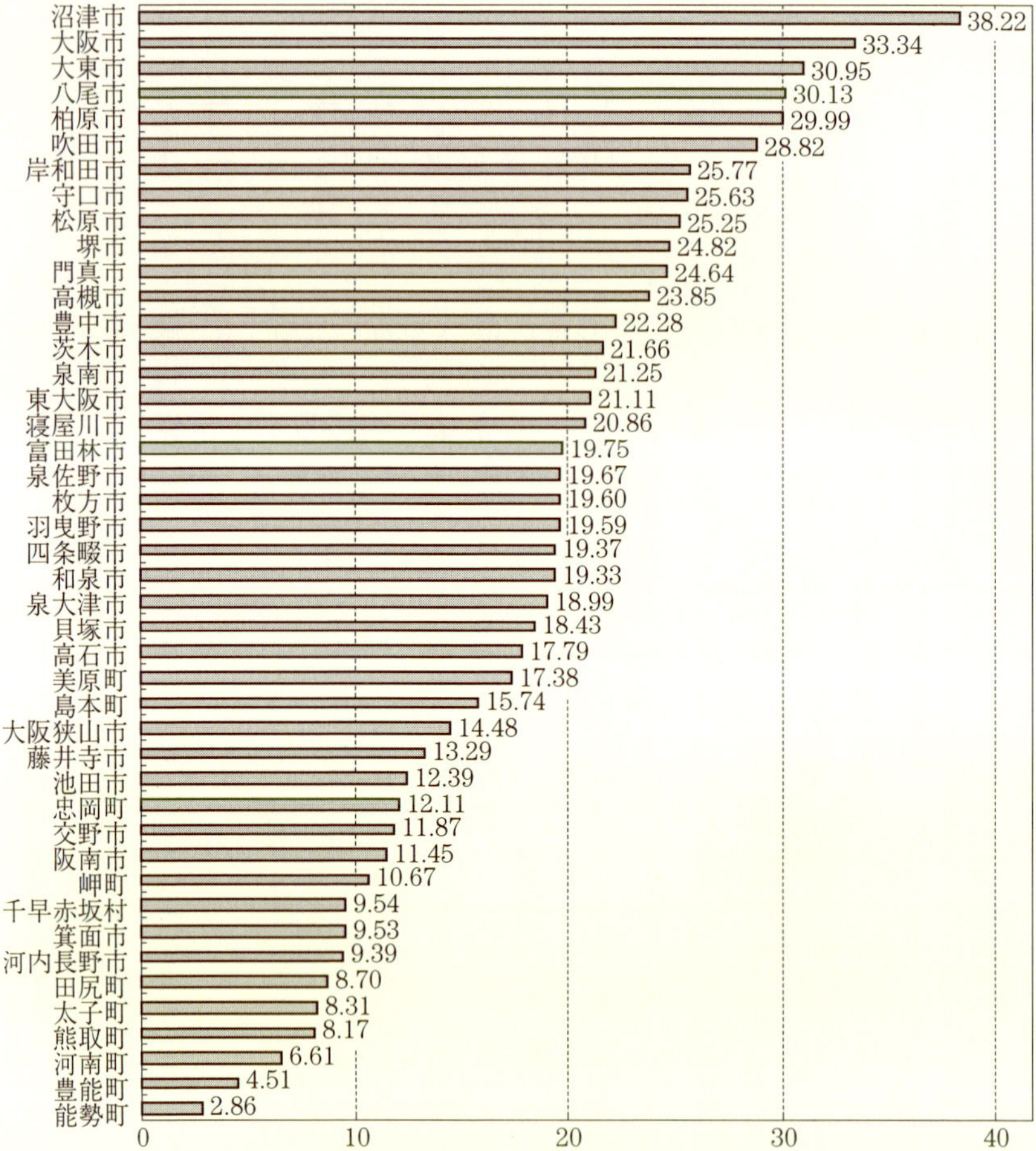

（大阪府教育委員会資料より、%）

表14　大阪市内各区就学援助率

天王寺区	17.33	中央区	20.41	豊島区	21.78	西区	24.06	阿倍野区	24.42
西淀川区	24.78	北区	25.38	福島区	25.40	東成区	26.41	旭区	26.81
城東区	28.23	東住吉区	29.53	港区	31.81	鶴見区	32.01	淀川区	32.58
東淀川区	34.78	大正区	36.99	平野区	37.30	此花区	42.08	生野区	42.24
住之江区	43.26	住吉区	45.20	浪速区	48.16	西成区	50.22		

表15　大阪市の各年度就学援助率

00年度　24.27	01年度　26.63	02年度　29.25	03年度　31.28	04年度　33.20

6 福岡県の場合

図19で明らかなように、小中学校の就学援助率が最も高い市町村は田川郡川崎町であり、次が田川市の二六・一九％と続いており、県全体では、一四・九〇％となっています。

表16を見ると田川市が二〇〇三～〇四年度間で〇・六％下がっている以外は、全て毎年上がっています。五年間で最も上昇しているのは北九州市であり、五・一五％、田川市が四・三〇％と最も少ないですが、各年二〇％を超えていることに注意しなくてはなりません。

表16　福岡県内の準要保護児童生徒割合の推移

	福岡県	福岡市	北九州市	田川市
00年度	10.47	13.37	14.52	21.89
01年度	11.47	14.57	15.92	24.93
02年度	12.62	16.01	17.38	25.82
03年度	13.66	17.38	18.70	26.79
04年度	14.90	18.35	19.67	26.19

次の表17は北九州市の公立高校ごとの経年データです。二〇〇二年度から二〇〇四年度の三年間ですが、学校ごとにわかりますので、偏差値学力との関連も分析できます。ただし、整理番号の順番は偏差値の順ではありません。北九州地区に四八校ある高校の中で、このような視点から分析した結果、以下の特徴があげられます。

① 偏差値の比較的高い高校は授業料減免者の比率が五％以内である。これらの高校においては、この三年間の援助費の伸びがそれほど多くない。すなわち、偏差値が比較的高い高校では授業料減免者は少ない上に、この三年間の伸び率も低いのである。

② 偏差値の比較的低い高校は授業料減免者率が高く、公立高校の下位一〇校（定時制高校を含む）は、授業料減免者が二〇％以上であり、二〇〇四年度で七校が三〇％を超えている。

③ 公立高校の場合は普通科と専門科、そして定時制高校の順番で、授業料減免者率が増加している。

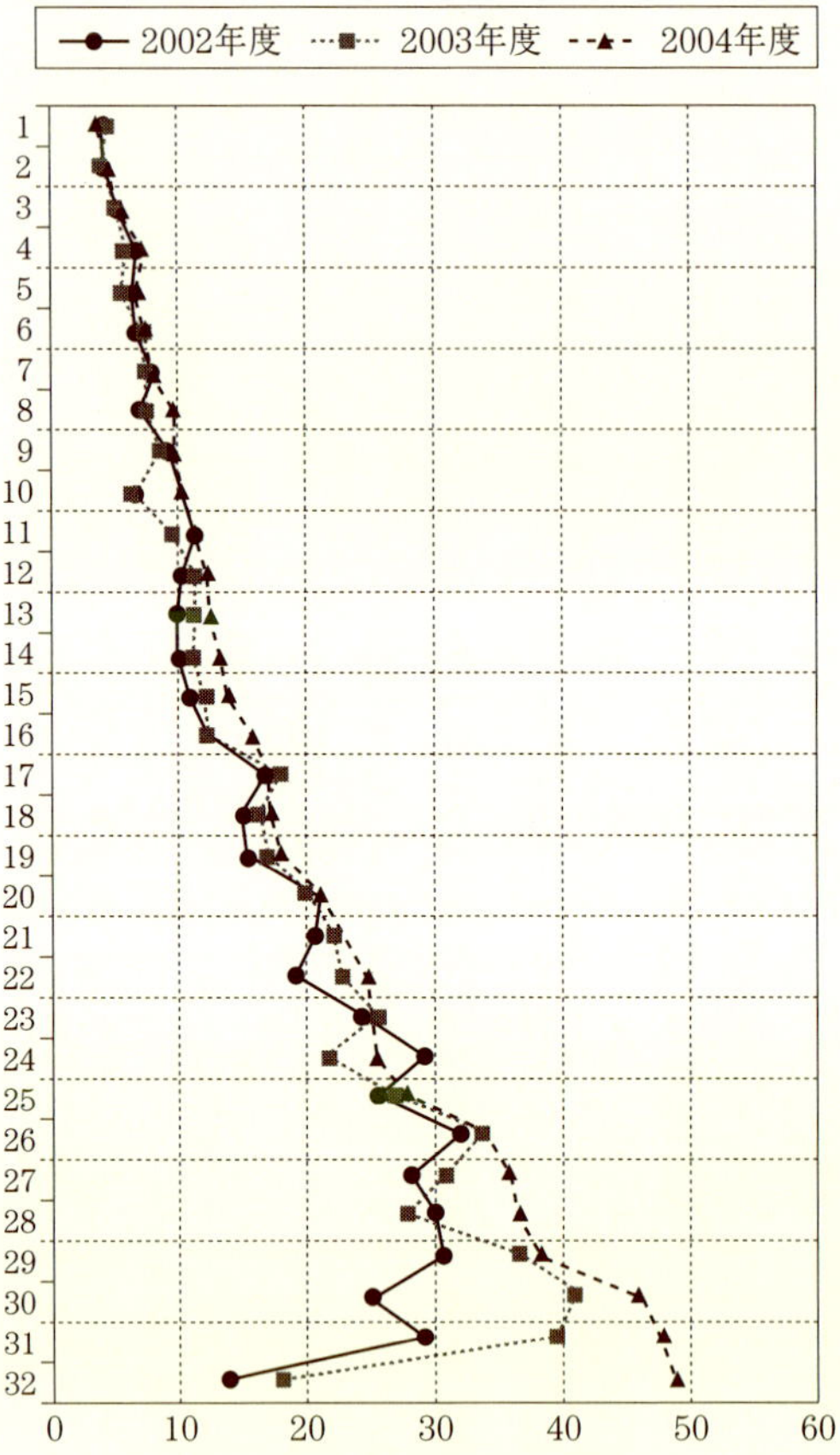

④ 福岡県における同和教育推進教員（現在は人権教育支援加配教員）の配置校と、偏差値学力や授業料減免率との相関はこの表で見る限りみられない。

以上の傾向から、偏差値で示される学力と授業料減免率に大きな関連があり、偏差値が低い高校ほど経年的に授業料減免率が増大していることを示していることがわかります。経済格差と偏差値に基づく学力格差はますます拡大していると言えます。

表17　北九州地区公立高等学校在籍授業料減免者の推移（過去３年間）

整理番号	校種 同和・支援教育等配置校	全日制普通科	全日制専門科	定時制普通科	2002年度	2003年度	2004年度
1		■			4.1	4.5	▼3.5
2		■			3.9	▼3.6	4.2
3		■			4.9	4.9	5.5
4		■			6.5	▼5.8	▼5.8
5		■			6.4	▼5.1	6.7
6		■			6.8	7.7	▼7.6
7		■			7.6	7.6	8.1
8		■			7.1	7.8	9.7
9		■			8.8	8.9	9.9
10	■	■			8.3	6.7	10.4
11	■	■			11.6	▼9.8	10.7
12		■			10.5	11.7	12.5
13		■			10.2	11.3	12.6
14			■		10.4	11.2	13.3
15	■	■			11	12.3	14.1
16		■			12.1	12.5	15.9
17	■		■		17	18.3	▼16.9
18	■		■		15.5	16.5	17.5
19	■	■			15.5	17.1	18.2
20	■		■		20.2	20.5	21.7
21			■		20.9	21.7	22.8
22	■		■		19.5	22.9	25
23	■		■		24.4	25.5	25.7
24				■	29.3	▼22.0	25.7
25	■		■		25.7	27.2	28
26				■	32	330.4	▼32.2
27	■	■			28.3	31	35.8
28	■		■		30	▼28.0	36.5
29				■	30.7	36.5	38.3
30				■	26.4	40.7	45.8
31				■	29.3	39.4	47.7
32				■	14.4	18.6	48.9

図19　2004年度福岡県各市町村　準要保護児童生徒割合

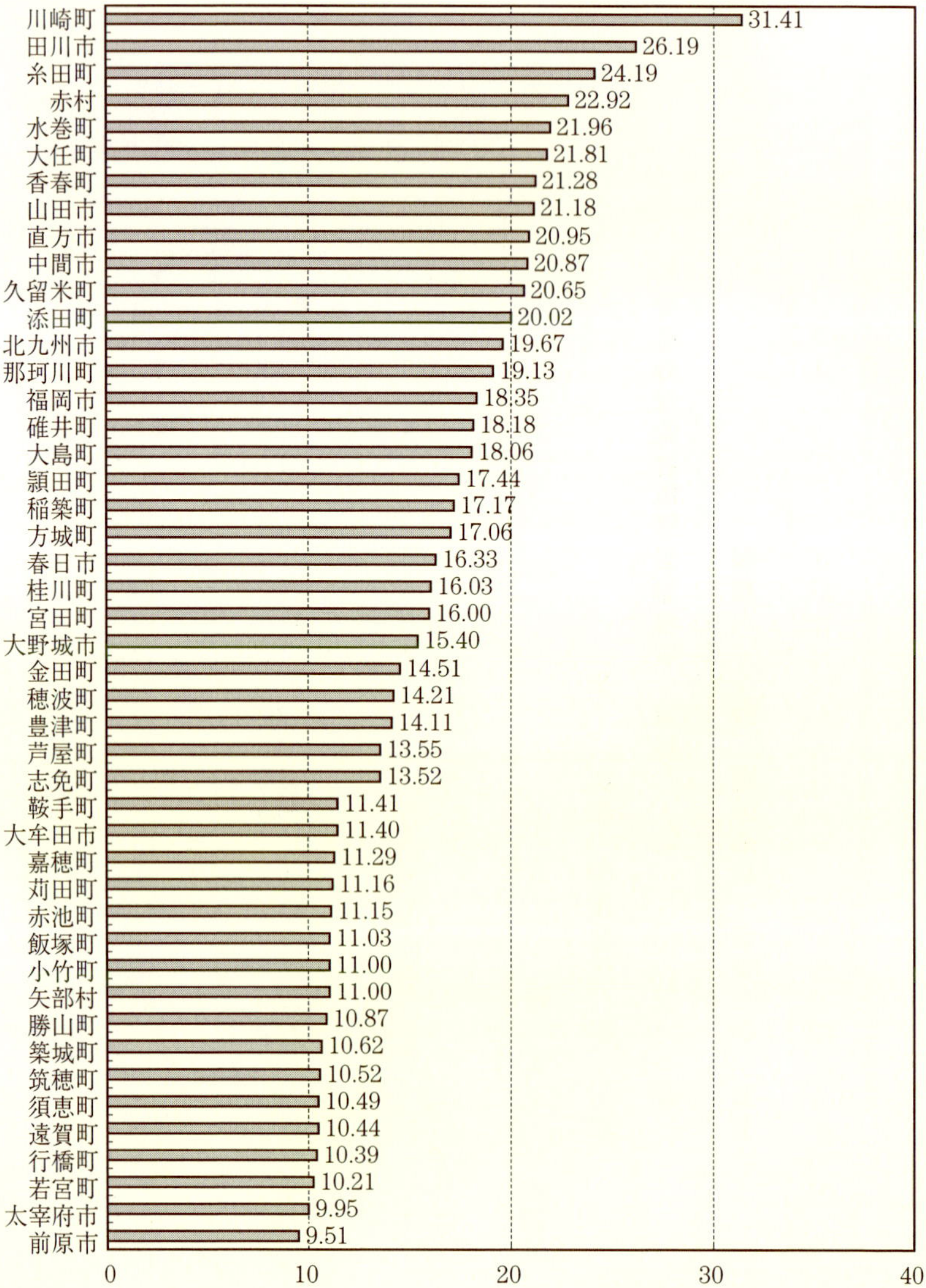

（福岡県教育委員会資料より、%）

7　マイノリティの場合

マイノリティの教育格差の問題について、障がい児、在日コリアンそして被差別部落を対象としてとりあげ、現状を見ることにします。部落問題については、紙数の関係で省略しますが、日本における大きな教育格差・差別の問題として依然として存在していることだけここで指摘しておきます。

障がい児の教育について

(1) 拡大する別学体制

二〇〇六年六月四日の『神奈川新聞』(朝刊)は、「足りぬ養護学校」という大見出し、「一一校新設必要も」という小見出しの記事を掲載しました。その書き出しは、つぎのようになっています。

少子化で子供が減る一方で、県内の養護学校に通う児童生徒が増え続けている。ここ五年間の伸び率は全国一で、今後十年間の予測でも年二〇〇人ペースで増えると予想される。(中略)同課(県教委子ども教育支援課のこと——引用者注)は養護学校の児童生徒が急増している理由について「きめ細かい教育を受けさせたいと考えている保護者が増えているためではないか」と分析。

養護学校進学者が増えている状況は神奈川県だけの現象ではなく、全国的に共通しています。二〇〇五年十二月八日の中央教育審議会答申「特別支援教育を推進するための制度の在り方について」に付された参考資料(図20、21)で、そのことを見て取ることができます。一九九六(平成八)年以降、養護学校在籍者がずっと右肩上がりになって

図20　盲・聾・養護学校在学者の推移

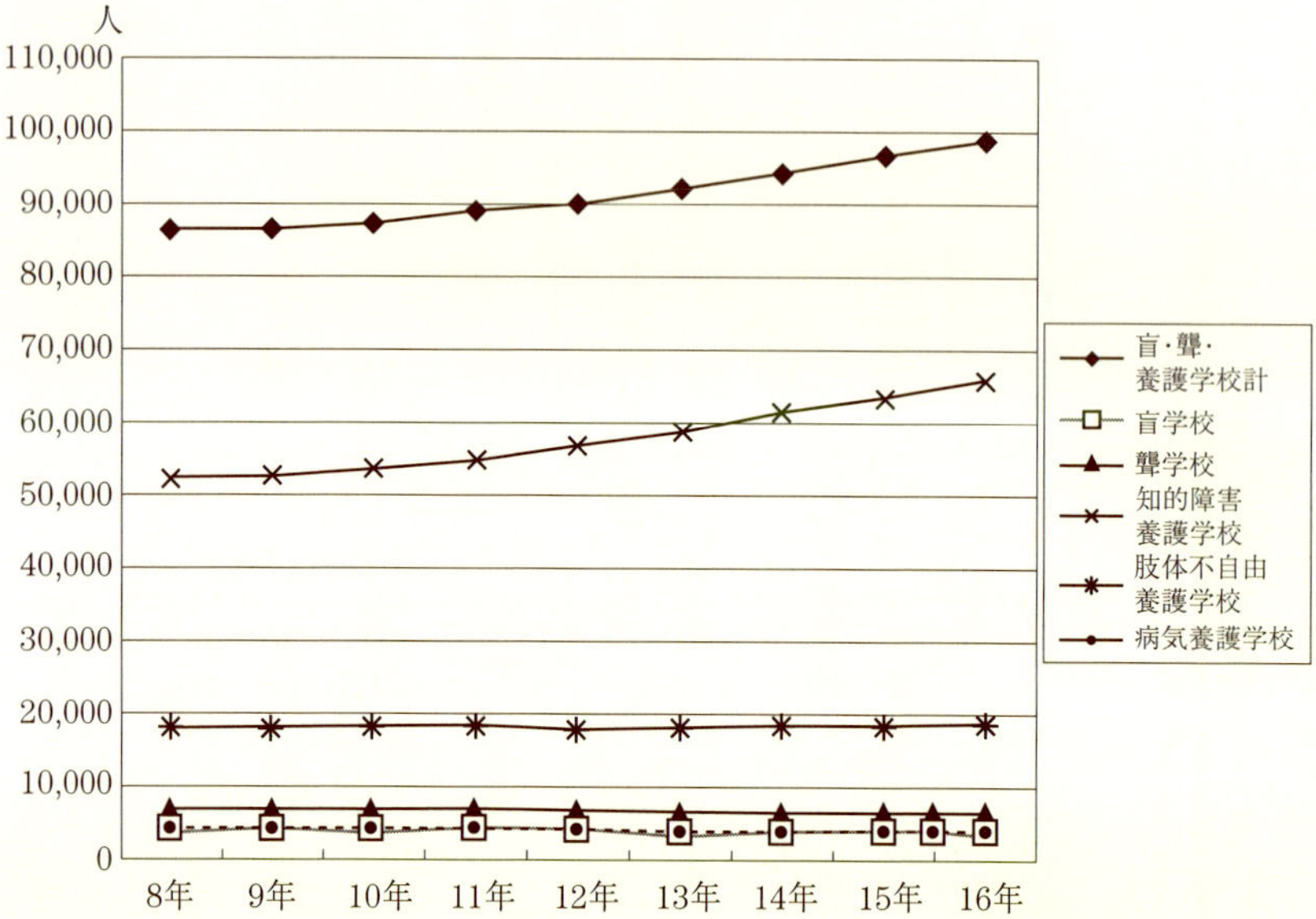

図21　特殊学級及び特殊学級在籍者数の推移

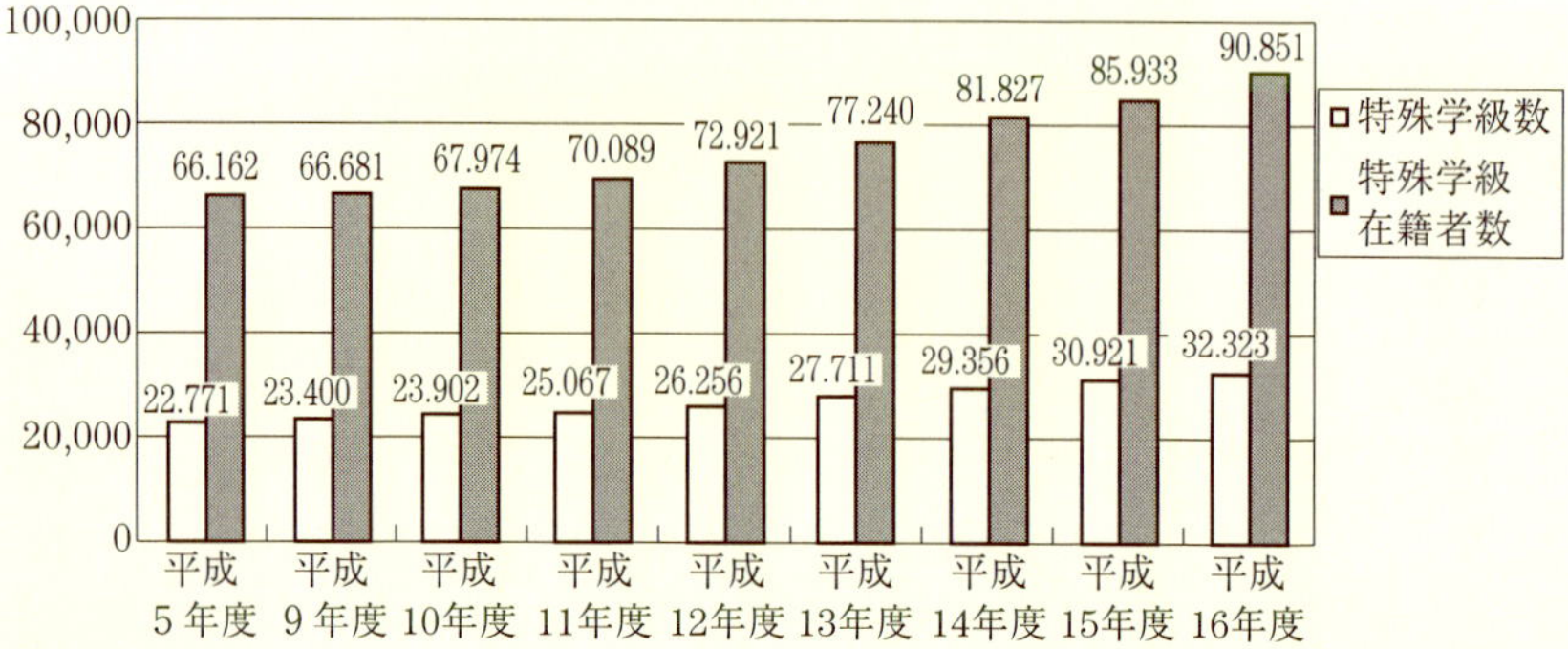

います。それだけではありません。特殊学級（学級数と在籍者数）についても、そしてまた、学校教育法施行規則で一九九三年度に制度化された通級学級にも同じことが言えます。

一九七九年の養護学校義務制化反対運動が問うたこと、つまり、養護学校が義務化されると障がいのある子どもの振り分けが進む、ということが現実に起きて、しかも拡大しているのです。

その理由はいろいろ考えられますが、学力向上が大きな課題となっている通常学校・学級には、障がいのある子どもの居場所がなくなりつつあることが一番の原因のように思われます。

（2）障がい児の教育格差と教育差別

Ⅰ章で「教育格差＝教育機会格差＋学力格差」であり、教育差別とのかかわりが深く、場合によっては重なりあう、と定義づけておきました。これを適用すると、障がいのある人の場合には、例えば盲・聾・養護学校という障がい児学校や障がい児学級にしか行けないことは教育機会格差であり、教育差別ともなりうる、ということになります。この観点で言えば、障がいのある子どもの教育格差や教育差別は日本では拡大してきていると言わなければなりません。

国連の障がい者権利条約草案では、「障がいに基づく差別」とは、障がいに基づくあらゆる区別、排除又は制限のことであるとしています。すなわち、政治的、経済的、社会的、文化的、市民的その他のいかなる分野においても、他の者との平等を基礎としてすべての人権及び基本的自由を認識し、享有し又は行使することを害し又は無効にする目的又は効果を有するものをいう、となっています（直接差別及び間接差別を含む）。その第二十四条によれば、障がいのある人の教育への権利と機会の平等を保障するため、各国政府はインクルーシヴ教育を確保しなければなりません。とするならば、障がいのある人が障がい児学校にしか行けないということは、まさに「障がいに基づく差別」ということになります。また、大学への障がい学生の受け入れに関して見てみると、障害学生の在籍者数は大幅に増加しているものの、障害学生が在籍する大学数はそれほど増えていないのが現状です。これも格差の拡大と言えるでしょう（『大学案内２００５　障害者版』二〇〇五年一月、障害学生支援センター）。一部の大学では学生数確保のために障がい学生を受け入れるということもあるようですが、その必要を感じないその他大学は受験機会すら認めないという格差がつくられ、拡大してきています。もとより、障がいのある人々の大学受験を認めないことは明確な教育差別です。

障がいのある人々への教育差別はこれだけにとどまりません。通常の学校・学級で学ぶ場が確保されたとしても、そこで学習に必要な手立てがなされなければ、それは差別に該当することになります。手話もしくは点字・手話通訳者・要約筆記・指文字その他の方法による通訳など適切な情報伝達方法の使用や介助員、補助教員その他必要な人員を配置することなどが十分に確保されていなければなりません。

さらに、教育の場において、障がいのある人々への偏見や嫌がらせを助長するような言葉、態度、対応なども教育差別です。障がい者差別禁止条例をつくるに際して千葉県障害福祉課が集めた差別事例は、教育分野がもっとも多くなっています。その例としては、「小学校で、先生がクラスメイト全員の前で『○○ちゃんも普通に生まれてくればよかったのにね』と言った」、「学校の担任が、何かにつけて発達検査の結果を持ち出し、『○君は三・八歳だからねえ』と言う。一人だけ、担任の机の隣に机を置かれている。廊下の掲示物にも一人だけ先生からのコメントがなかった。また、『給食をぐちゃぐちゃにしてしまいました』など、子どもの悪いところやできないことを連絡帳に毎日書かれて特殊学級をすすめられ、親は精神的にまいってしまった」などが挙げられています。

在日コリアンの教育について

（1）在日コリアンの多様性と格差

「一九九五年SSM調査（A票の男性データ）」および「在日韓国人の社会成層と社会意識全国調査」の結果を分析した稲月正・金明秀によれば、教育年数と職業威信という主要な社会的地位指標に関しては、その平均値を日本人と比較すると、民族間の格差は見られないということです。しかし、それは、民族的不平等がなかったというのではなく、在日コリアンが、就職差別などで主な労働市場から不当に排除され、結果として、産業社会における周辺の自営セクターに、具体的には、焼肉店やパチンコ店、サラ金、運送業などの業種に囲い込まれてきたという事実を示しているのだ、と。つまり、主要な社会的地位指標で格差が観察されないことをもって、ただちに公平な状態と機会が確保されているとは言えないということです。

確かに、在日コリアンの世代交代が進展するなかで、韓国支持か共和国支持かにとどまらず、生き方の多様性の幅は広くなり、若年世代に高まる私生活中心の志向から、「在日」として一括するには困難と思われるといった声まで聞こえてくるようになりました。

しかしながら、データに基づく限り、社会階層上の民族間格差はありますし、日本の社会状況を分析する単位として、民族は、いまも有意味な集団として存在していることは確かです。

稲月と金は、在日韓国人が、社会保障制度や教育制度からの排除など、民族的出自に基づく機会の不平等があるにもかかわらず、主要な社会的地位の指標において日本人と同等かそれ以上の達成をしている理由を次のように要約しています。

すなわち、①教育を達成する上で、日本人より出身階層を資源として利用できず、②教育達成を媒介とした地位達成ルートからも疎外されているが、③そのような不平等を何らかの形で克服しており、その過程では民族集団内のインフォーマルな互助ネットワークが重要な鍵の一つと考えられる、としています。本書が、教育における社会関係資本ないし社会的ネットワーク資源の有効活用に着目している点とも符合しています。

(2) 民族学校の歴史と制度的課題

①各種学校としての民族学校へ

日韓条約後すぐの一九六五年十二月二十八日、文部事務次官通達「朝鮮人のみを収容する教育施設の取り扱いについて」が発せられ、学校教育法第一条の学校のみならず、第八三条に規定する各種学校としても、民族学校を認めない方針が、改めて都道府県知事に指導されました。そのため、ひとまず朝鮮学校や韓国学校などの民族学校は、法的保障のない自主的学校運営を続けざるを得なかったわけです。しかし、そもそも法制度上、各種学校の認可権限を有するのは都道府県知事であることから、各自治体で、次第に在日コリアンの教育要求が盛り上がり、そうした要求を受け入れる形で各種学校として認可されていくようになりました。なお、認可取得の約八割は、一九六六年から七一年の期間に集中し、七五年までにはすべての民族学校が認可を取得しました。

②民族学校への制度的差別

現在、高校段階のある外国人学校は、学校法人立が五校、準学校法人立が二三校、財団法人立が四校、無認可校が八校、その他、ブラジル人学校のうち本国認可校が一三校（認可校の総数は二五校）あります。二〇〇三年三月六日、文部科学省が、外国人学校のうち高校段階の六〇校（欧米系二三校、アジア系一七校、ブラジル人高校一三校は含まれず）のうち、欧米の三つの認証機関（ＷＡＳＣ、ＡＣＳＬ、ＥＣＩＳ）が認定した一六校の卒業者にのみ大学入学資格を与える方針であるとの報道がなされ、大きな問題となりました。これには、二〇〇一年一月十二日の総合規制改革会議の答申で、インターナショナル・スクール卒業者の受験資格を拡大すべきことが明示され、一時、朝鮮学校を含めて認める方向であるとの報道（二〇〇二年七月）があったにもかかわらず、二〇〇二年九月十七日の日朝平壌宣言をはさむと、一転して、民族学校を除外する方向であると伝えられたという経過がありました（二〇〇二年十月）。在日外国人諸団体や市民、大学関係者が連日のように抗議の声を上げた結果、文部科学省は、三月六日の方針「凍結」を表明せざるを得なくなりました。

その後、二〇〇三年八月六日に発表された文部科学省の考えは、下記のような二本立ての構造をもっていました。

Ａ　外国人学校の取り扱い

ｉ　欧米系の評価団体三つの評価を受けた外国人学校の卒業者に大学入学資格を付与する。

ii　外国において当該外国の正規の課程（一二年）と同等と位置づけられている外国人学校の卒業者に大学入学

資格を付与する

B　大学の個別審査により高校卒業と同等以上の学力があると認められる者に大学入学資格を付与する。

この方針は、日本における外国人学校・民族学校に在籍する生徒の過半数を占める朝鮮学校の卒業者を、大学入学資格の取得主体から排除する点で、一九六五年の文部事務次官通達における朝鮮学校差別政策の延長線上にあると言えます。また、ここには、民族の言語による教育を、日本の教育制度のなかに積極的に位置づけ、民族独自の権利として保障していく発想が見られず、一部外国人学校出身者には大学入学資格を認める道を開いた点では評価できる面をもちながらも、民族や国籍を問わず、国際法上で承認されている定住外国人の子どもたちの民族教育を受ける権利を無視するものとして大きな問題を含んでいます。文部科学省の恣意的な処遇は、上記Aiiに該当するものとして、中華民国（台湾）系の民族学校は公認できるとしながらも、他方で、同様に一二年の正規の課程を有する朝鮮学校は公認できないとしている点でも明らかです。

他に民族学校への制度的差別が数多くあります。

③各大学の朝鮮学校出身者への大学入学資格認定

文部科学省の処遇方針に反し、京都大学は二〇〇四年から他大学に先駆けて、朝鮮学校や中華学校などの民族学校卒業者に対して、大検なしで大学受験資格を認める決定をしました（一九九八年に、同大学は、朝鮮大学校卒業者の受験も認めている）。その他の大学も、大学認定条項である学校教育法施行規則第六十九条第6項を活用して、門戸を開く方向こそ大学自治の本旨と言えるでしょう。公立・私立大学では、法律上、学校教育法第五十六条および同施行規則第六十九条の適用を根拠として、一九八五年現在で、公立大学一〇校、私立大学六三校が、朝鮮人学校修了者に入学資格をすでに認めています。そもそも、外国人留学生は、大検なしでも大学受験資格があるとする一方で、国内で日本の公立学校に準じた教育を受けてきた民族学校卒業者には受験資格を認めないというのは矛盾しています。総授業時間数を根拠として大学受験資格を外形的・形式的に認定されることとなった専修学校卒業者に対する取り扱いと比べても不公平さは免れないところです。

Ⅳ　教育格差を拡大させる背景

1　経済政策的な背景

近年の格差拡大傾向にあって注目すべきは若年層における所得格差です。若年層における所得格差は現時点での格差の核心・焦点であるというだけではなく、将来の格差拡大の温床になる点でも、また勤労貧困者のさらなる増大をもたらす点でも、深刻な社会問題なのです。そして若年層における経済格差は正規雇用・非正規雇用間の賃金格差によって、正規雇用・非正規雇用間の働き方の格差によって生じているものであり、その主たる原因は「労働市場の流動化」をもたらした「規制改革」にあります。

ここでは、現在問題となっている格差の原因群を再度確認しておきます。

橘木俊詔によれば、勤労者所得でジニ係数（＝所得などの分布の均等度を示す指標。0から1までの値をとり、0に近いほど分布が均等であり、1に近いほど不均等になる。所得の場合、0に近いほど所得格差が小さく、1に近いほど所得格差が大きいことを示す）が一九九三年から九六年にかけて〇・三六五から〇・三八一に〇・〇一六上昇しています（『家計からみる日本経済』岩波新書、二〇〇四年、一一九〜一二〇頁、「データベースは厚生省「所得再分配調査」）。

その原因として、橘木は再分配前所得については、①年功序列から能力・実績主義への切り替え、②金融資産での格差、③自営業者、個人業主の成功者の高所得、④長期不況に伴う低所得者の急増、⑤中高年層のリストラ、女性、若者の非正規雇用の増大、⑥高齢者層の所得格差を、再分配後所得については、⑦所得税の累進度の低下を挙げています（橋木俊詔『封印される不平等』東洋経済新報社、一五七～一六〇頁）。整理すると、長期不況という循環的要因に加えて、企業システム改革、労働市場の流動化、税制改正などがその原因として挙げられています。

また、太田清は一九九七年から二〇〇二年にかけてジニ係数が二五～二九歳男性で〇・一九四から〇・二一一に〇・〇一七上昇し、三〇～三四歳男性では〇・二〇七から〇・二二五に〇・〇一八上昇しているとしています（「所得階層の固定化進む」、二〇〇四年六月十六日付け『日本経済新聞』「経済教室」）。太田は二五～二九歳男性ではジニ係数上昇の半分強が非正社員化によるもので、三〇～三四歳男性については二十歳代の職業経験の差、職業能力を蓄積できるか否かの差によるもので、非正規雇用の増大とその裏腹の関係にある「フリーター」の増大の結果として位置づけています。

大竹文雄の示している年齢別ジニ係数（『日本の不平等―格差社会の幻想と未来』日本経済新聞社、二〇〇五年、二二頁）では、五十歳台後半から拡大傾向にあります。森剛志が橋木俊詔と行った高額納税者番付掲載者（二〇〇四年版）調査では、五〇歳以上の「お金持ち」の八一・三％が大学卒業以上の高学歴であり、五四・〇％が塾に通い、三六・九％が家庭教師をつけてもらっていたことが明らかになっています。また、自分の子どもへの「教育投資」も、七〇％以上が私学に通わせているように積極的である、と言います（『週刊ダイヤモンド』二〇〇六年一月二十八日、四七～四九頁）。「結果の不平等」が「教育投資」を媒介に「機会の不平等」とあいまって進展していることがうかがえます。

しかし、上記の種々の原因群を群として挙げただけでは、現在拡大している格差の特質は明らかにはなりません。その原因群のなかで、決定的な規定因を摘出しなければなりません。内閣府が挙げた人口高齢化、世帯規模の縮小がそれでないことは明らかです。

そうではなく、若年層における所得格差が決定因なのであり、その原因も正規雇用・非正規雇用間の賃金格差にあり、非正規雇用の増大は「労働市場の規制緩和」によってもたらされ、この政策が今後さらなる格差拡大をもたらすことにもなります。「労働市場の規制緩和」は小泉改革以前から断行されており、その意味では「小泉構造改革」によって格差がもたらされたというのは正しくはありません。労働力商品をほかの財と同じように扱い、労働力商品の特殊性をまったく理解できていない新古典派経済学に胡坐をかき、その誤った処方箋によって断行されてしまった「規制改革」の実験が格差を招き、またそれを広げてしまったのです。実験がコンピュータ上のバーチャルな社会で行われているならまだしも、実社会で行われてしまったところにその実害性があるのです。「規制改革」の検証が急がれねばなりません。

2 教育政策的な背景

教育政策によっても教育格差は拡大させられてきています。それは、言うまでもなく、教育の規制緩和という新自由主義的教育政策に他ならず、それは前節で明らかにしている経済全般の規制緩和の一環としてあります。新自由主義的政策とは、福祉国家後の国家財政と資本主義の再編強化を目的として、一九七〇年代以降、米英を中心に政策を進める経済思想であり、中央・地方の政府が従来行ってきた規制を緩和して、市場的経済活動を活性化させるとともに、中央・地方の政府が公的事業として行ってきたものを民間に委ねようとするものです。そのキーワードは、「規制緩和」、「民営化（プライバタイゼーション、私事化とも訳せる）」ということになります。

他方で、新自由主義は新保守主義を伴っており、グローバリゼーションに揺らぐ国民国家を再建する、激烈化する市場競争で分断される国民の再統合を図る政策が同時に展開されるようになります。ナショナリズムも同時に強化する施策です。その意味では、教育政策に規制強化的な側面も同時に見られました。端的な例としては、「国旗及び国歌に関する法律」制定に伴う学校行事での「日の丸掲揚・君が代斉唱」の強制であり、「心の教育」にかかわる施策の展開であり、そして、愛国心教育を進めるための教育基本法「改正」の動きがあります。

このような方向性は、一九八〇年代半ばの臨教審で提起されたものですが、それが具体化するのはもっぱら九〇年代であり、九六年の橋本龍太郎内閣以降本格化し、二〇〇一年以降の小泉構造改革により一層徹底した形になりました。

この教育の規制緩和政策は大きく二つあります。一つは、新自由主義的規制緩和である「私事化」とも言うべき規制緩和であり、もう一つは、「個性重視・能力主義」的教育政策です。ただし、後者はとくに九〇年代後半までは「教育の民主化・地方分権化・自立性保障」や「子どもの主体性尊重」といった側面と重なりあった形で展開されたため、複雑な様相を呈し、評価も肯定・否定とに大きく分かれています。

教育の私事化的規制緩和に関しては、市川昭午の分析（『教育の私事化と公教育の解体』教育開発研究所、二〇〇六年）を参照しながら、つぎのように整理してみました。①学校設置規準の緩和による私立小中学校の拡大、②通学区域の規制緩和による公立小中学校への選択制導入、③学校設置主体についての規制緩和による国公立大学の法人化や株式会社の参入、④公立学校における私費負担（受益者負担）増に対する規制の緩和などです。

いずれにしても学校の「公の性質」（教育基本法第六条）および私学に対する「公の支配」（憲法第八十九条）を否定することになる方向性での教育政策、さらに公立の疑似市場化政策は、一部の家庭の教育の自由を拡大する反面、学校間格差を拡大し、低社会層の教育機会を実質的に損なう心配があります（前出『教育の私事化と公教育の解体』参照）。

「個性重視・能力主義」的教育の側面としては、「特色ある高校づくり」という名の高校の多様化（中等教育学校などの設置）、大学への飛び入学などがあります。ただし、この側面は「教育の民主化・地方分権化・自立性保障」や「子どもの主体性尊重」といった側面とが複雑にからみあっています。例えば、機関委任事務の廃止、教育長の任命承認制の廃止、教科書もなく名前も自由につけることのできる「総合的な学習の時間」の創設や高等学校設定科目の設置、絶対評価の導入、進路選択における子どもの主体性尊重などがありました。

しかし、その背後に、新自由主義・新保守主義があり、個性尊重や創造性の涵養が能力主義の徹底であることを見抜かなくてはなりません。

さらに、評価できる一面もあった「ゆとり教育」路線が、学力低下論の登場とともに、批判の俎上に載せられ、やがて文部科学省が「学力向上」政策へと舵を切りはじめることになりました。そうなると、新自由主義的「個性重視・能力主義」教育が全面化し、学力格差と教育機会格差という教育格差の拡大が顕在化してくるようになります。それを促したのは二〇〇〇年十二月の教育改革国民会議最終報告「教育を変える一七の提案」であり、教育基本法「改正」を提言した二〇〇三年三月の中教審答申でした。

国民会議報告では「時代が大きく変わりつつある今日、日本の教育の場を、一人ひとりの資質や才能を引き出し、独創性、創造性に富んだ人間を育てることができるようなシステムに変えていくことが必要である」とされました。中教審答申では、教育においては、国民一人ひとりが自らの生き方、在り方について考え、向上心を持ち、個性に応じて自己の能力を最大限に伸ばしていくことが重要であり、このような一人ひとりの自己実現を図ることが人格の完成を目指すこととなる、と。また、大競争の時代を迎え、科学技術の進歩を世界の発展と課題解決に活かすことが期待されるなかで、未知なることに果敢に取り組み、新しいものを生み出していく創造性の涵養が重要であることも強調されました。

こうして、学習指導要領の部分改訂による「発展学習」、習熟度別学習指導の拡大、中等教育学校の受験エリート校化、フロンティア・ハイスクールやスーパー・ハイスクールなどが実施され、今日に至っています。さらに、二〇〇七年度から実施される全国一斉学力テストにより、この傾向は一層拡大することが懸念されています。

V　教育格差拡大に立ち向かうために

1　生活格差拡大を是正することから

例えば、児童扶養控除を児童手当に一体化することを提案する都村敦子、企業の扶養手当も含めた税制・社会保障・企業保障の統合案を提案する武川正吾、現行の厚生年金を廃止して一人当たり月八万五千円から九万円の全額税方式の基礎年金制度を提案している橘木俊詔らの研究・提言にみるように、すべての市民が、能力による選別を受けず、ひとしく無条件に「基本所得」を得られれば、所得格差を要因とする学力や教育機会の格差を是正することにつながるでしょう。

また、様々な統計データに基づいて、仕事と家庭の両立がしやすい働き方ができる社会で出生率の回復が見られると述べる大沢真知子は、日本の場合、高い住居費の他に、とりわけ教育費負担による家計の圧迫が大きな問題であると指摘しています。そして、政府が、教育費の私費負担軽減策を講じる必要性を訴えています（大沢真知子『ワークライフバランス社会へ』岩波書店、二〇〇六年）。すでに本書でその実態を見てきた「就学援助」や「授業料減免」に関しては、それが重要な施策であることに変わりはないのですが、そのような措置を講じる以前に、経済的理由による教育機会の剥奪、学習権の侵害そのものが起こらないようにしていくことも考えなくてはなりません。

小泉政権が推進してきたのは、不安定な仕事を増大させることでコスト削減と競争力の向上をめざす改革でした。そうではなく、私たちは、雇用保障のある仕事のなかで、多様な働き方の選択肢を認め、すべての個人に、無条件に

「基本所得」を与えて、不安なく出産や育児、教育や福祉に時間と労力を割ける暮らし方を保障したいと考えます。そうした基本的な社会・経済的平等の損なわれた条件下では、労働形態の多様化として導入されるワークシェアリングや、次世代育成支援政策の取り組みなども、その意図した実効性をえることは難しくなるのではないでしょうか。

2　地域再建の経済が不可欠

格差拡大に抗する教育を構想するためには、いろいろな形での「地域」への着目が欠かせません。

経済財政諮問会議は二〇〇六年五月十八日、日本の国際競争力強化を目的とする「グローバル戦略」をまとめました。「人材」「産業」「地域」「国際貢献」の四分野で二〇一〇年までに達成すべき目標を盛り込み、「骨太方針二〇〇六」に反映させる意向のようです。同戦略では中国やインドが台頭する国際環境で、いかに「国際競争力の強化」を実現すべきか、その指針が示されています。国内資源を「人材」「産業」「地域」の各々比較優位分野に集中し、各々で「国際競争力の強化」の実現を図ろうとしています。逆に、比較優位ではないと判断されれば、そこへのヒト、モノ、カネの資源配分は軽視され、あくまで資本投下の効率性が優先されることになります。たとえば、比較優位な農林水産物・食品を優先して作り、かつ輸出も推奨し、比較優位でないものはたとえ国内需要があっても、比較優位国から輸入すればよいということになるわけです。これで果たして地域の食の安全さらには地域の風土にあった農業が確保できるのでしょうか。

比較優位がグローバル競争によって失われれば、大きな規模での雇用不安を生みだすことにつながっていきます。これに対しては、既存分野の比較優位を維持・強化し、高付加価値化を実現していくしかないわけですが、そのような技術革新を実現できる資金力、技術力、ネットワークを有する企業は限られています。グローバル競争に勝ち抜いていくこと、そのための教育のあり方が、地域の優位性を確保していくとは限りません。むしろ、個々では、その地域の人びとが就労可能な事業と事業体を営む機会をいかにつくり出していくかを課題として設定しなければならないのです。

それぞれの地域で需要を掘り起こし、その地域で需要が次々に生み出される仕組みづくりが必要で、それを行いうる事業体、たとえば協同組合、ワーカーズコープ、ワーカーズコレクティブなどの企業体を地域の特質、歴史に合わせて創意工夫してつくり出す必要があります。学校教育においても、こうした地域づくりを担う主体の形成を初等教育の段階から意識していかなければならないでしょう。地域が生活の場だけでなく、働く場であるようにつくり変えていかなければ、グローバル化には対応できないでしょう。

3　教育財政を根本的に転換すること

義務教育国庫負担法「改正」により、自治体間における教育財政格差もより拡大する危険性が出てきました。そのしわ寄せとして、新たな学力格差や教育機会格差の拡大が生み出される可能性もあります。そうした格差問題を、各家計・個人の自己責任として放置することは、教育の機会均等原則を定めた教育基本法の精神にも、普遍的な社会的公正原則にも反するでしょう。教育費支出の公費負担が抑制され、私費負担を重くする教育財政のあり方自体が、学力格差や教育機会格差の問題を生み出すひとつの制度的背景となっている以上、そのこと自体を根本的に見直していく必要性があるでしょう。

ＯＥＣＤ（経済協力開発機構）教育局のシュライヒャー指標分析課長はつぎのように述べています。

「フィンランドは全体的な成績が非常に良いのですが、もっと重要なことは、他の多くのＯＥＣＤ諸国に比べ、フィンランドでは社会的背景の影響がずっと小さいということです。教育制度がすべての生徒に均等の機会を与えることに成功しているわけです」（福田誠治『競争やめたら世界一――フィンランド教育の成功』朝日新聞社、二〇〇六年）。

子どもの学習を大きく規定する保護者の社会的地位の格差拡大を防ぐばかりでなく、それが教育に及ぼす影響を最小限にする教育制度のあり方をめざす教育政策が必要であることをこの発言からくみ取ることができるでしょう。したがって、まずは、教育の私事化を抑制し、子どもの学習権保障が家計で左右されないようにしなければなりません。家計格差を縮小するための各種の経済政策、労働政策、所得政策、税制などが不可欠であり、教育費負担に格差が出ることがないようにしなければなりません。

私学への公費助成の増加と公共性の確保を中心とした私学政策の見直しを前提としつつ、私学を含む公教育のこれ以上の公費負担縮小は緊急にやめ、逆に増大政策をとる必要があるでしょう。公財政支出に占める教育費支出は図22および図23（いずれも文部科学省の『教育指標の国際比較』より）で明らかなように、日本はかなり低いところにとどまっています。一九九八年と二〇〇二年を比べると、二〇〇二年の比率が下がっています。もともと低い割合の公費が、さらに下がってきているわけです。教育格差が大きいと言われるアメリカよりもかなり低くなっていることは大きな問題です。公費拡大に向けた政策が不可欠です。

同時に教育財政システムの改革と私費負担の軽減措置も必要です。前者について、教育行財政研究会は『「学び社会」の創造へ』（アドバンテージサーバー、二〇〇三年）の中で、「分権型財政システムと初等中等教育の民主的統制」に向けて、①地方分権、民主的統制、教育への公費投入、②国によるミニマム保障（その在り方については義務教育費国庫負担制度だけではなく包括的負担金制度についても提起）、③都道府県の政策展開と財源調達、④小中学校教育（基礎教育）をめぐる市町村と学校レベルの財政民主主義、⑤高等学校教育（後期中等教育）の権利化、を提起しています。高等教育については、高等教育への公費投入や成人教育を受ける期間の生活費に対するローンの創設を提言しています。

また、現在、義務教育段階の子どもがいる準要保護世帯に対しては就学援助費が支給されていますが、受益者負担

図22　国内総生産（GDP）に対する公財政支出学校教育費の比率（1998年）

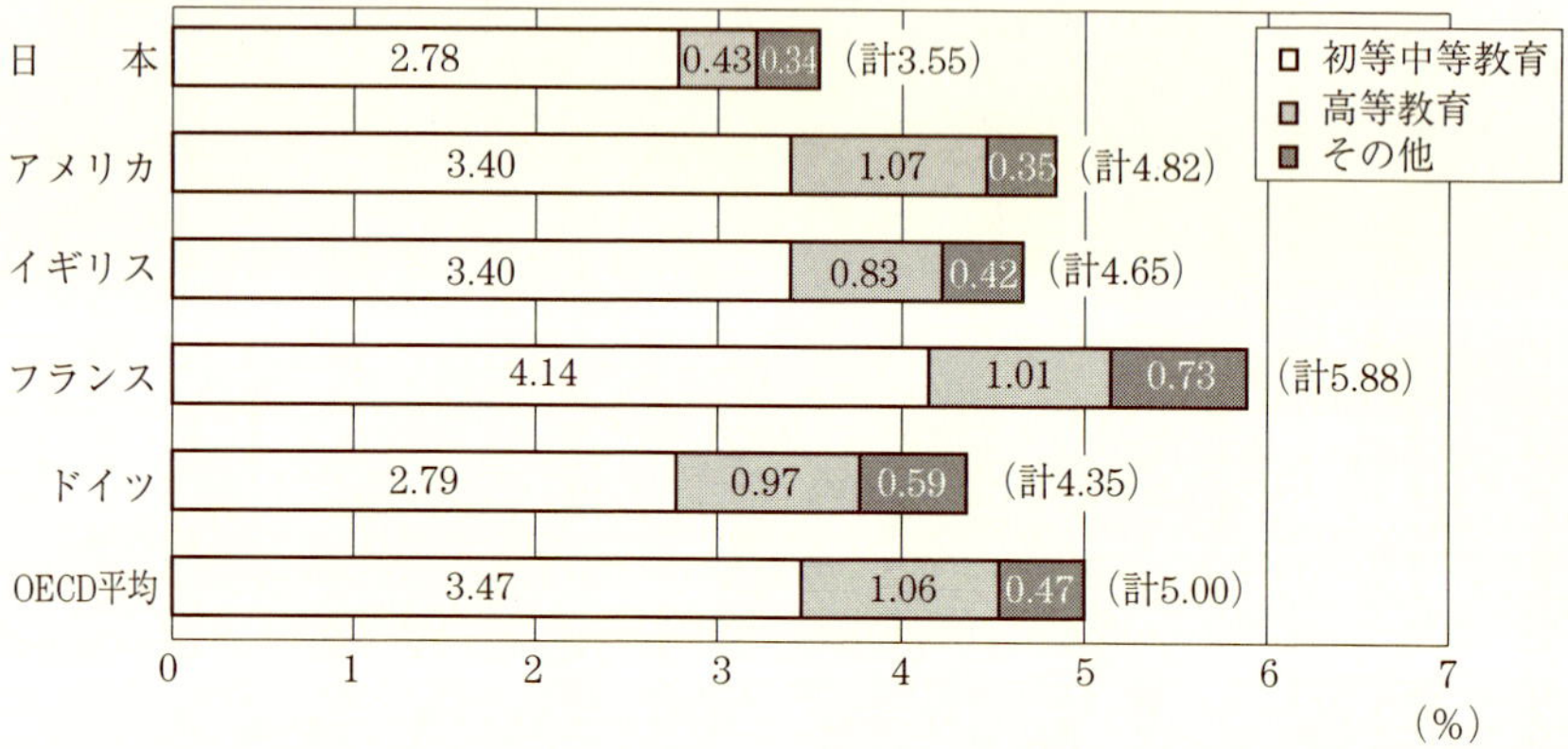

図23　国内総生産（GDP）に対する公財政支出学校教育費の比率（2002年）

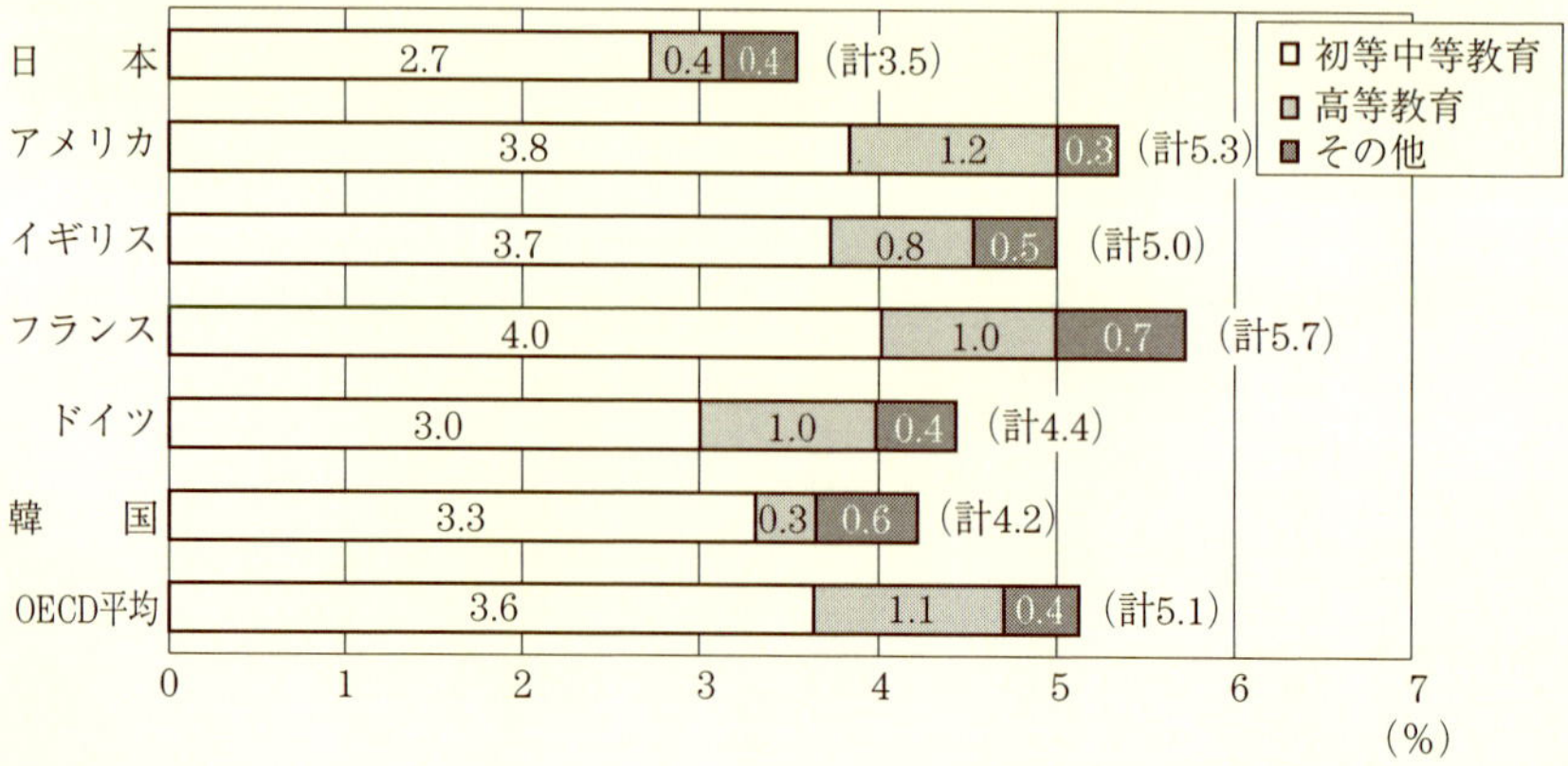

の考え方は変わっていません。義務教育の無償制の枠を広げるようにすべきでしょう。しかし、現実にはこの就学援助の規準を見直して、援助率を下げる動きも出てきています。これでは格差は広がるばかりです。高校生、大学生への奨学金の大幅増に向けた施策も欠かせません。児童養護施設にかかわる施策の充実や子どもたちの高校、大学進学に際しての手立ても配慮しなければならないでしょう。

なお、このような実体的な資源の再配分だけではなく、能力や存在証明の面で、その質が厳しく問われなくてはならないのも確かです（セン・ヌスバウム編著『クオリティ・オブ・ライフ——豊かさの本質とは何か』里文出版、二〇〇六年）。資源の再分配と、それと関連の深い進学機会や学力の保障のみならず、学び方や人々のアイデンティティの承認、社会関係資本の構築なども重視することで、生活格差を是正し、「生活の質」全体を向上させることにも関心を向けなければなりません。

4　学習・学力観を転換すること

日本でなされる学力調査は、多くの場合、「見える学力」としての日本的学校知、すなわち、教科目別の知識獲得度としての学力を測定するもので占められています。そして、それが教育格差の主な現れ方と考えられています。しかし、それらは、学力の一側面だけを個人単位で切り取って測定したものに過ぎません。共同行為としての学習の成果たる子ども「たち」の学力保障という本来的な観点からは、一定の意義と同時に限界をもっています。「見える学力」の形成が必要でないと言うのではありません。ただし、それは公教育の唯一の目的ではありません。公教育の関心のあり方が、狭い意味での学力向上へと収斂していくことに抗して、第一に、学力概念の再定義を図っていくことと、第二に、学力調査にとどまらない教育効果の評価枠組みを再構築していくこと、第三に、学力形成以外の公教育の目的論をより明確化していくこと、そして第四に、個人単位の習熟度別学習支援ではなく、共同行為や社会参加としての総合的学習の内容と方法を対置していくことが必要であると考えます。

かつて、ヴィゴツキーは、人間の高次精神機能は、社会的に構築されてきた言葉が思考と結合することによって発達するとしました。人間の言語的思考は、はじめ他者とのコミュニケーションの言葉である「外言」に埋め込まれた形で発生し、そこから、自己中心的発話を経て、自己意識の言葉である「内言」へと転化する、と。自己の精神的内面の形成にとって、他者ないし外部の存在は、先行条件だということです。人間の高次精神機能は、言葉と深く結びついた知覚や記憶を含めて、はじめは集団的・社会的活動として、すなわち精神間機能として、二回目には個人的活動として、すなわち、子どもの思考内部の方法である精神内機能として現れるというわけです。

つまり、個人は、共同行為としての学習過程で、常に、「一般化された他者」としての社会が、特権的に提供する媒介手段に基づきながらも、自分なりの使用を通じて、媒介手段を修正したり、新たな媒介手段を構築したり、採用したりすることで、新たな学習へと進んでいくのです（田島信元『共同行為としての学習・発達』金子書房、二〇〇三年、を参照）。

ここからは、「学力」についても、それが社会的・共同的な学習活動のなかで発生し、その後、個体的機能として転化していくものととらえることができるでしょう。

近年、もともと相互関係的な存在である人間にとって、このような他者ないし外部（環境、状況、道具、記号など）のもつ重要性の認識は、子ども同士の共同学習過程がある状況で、適度な社会的葛藤が生じる場合、その子ども自身がそれまでもっていた思考を再構成したりして、認知的成長が促されるという観察事実や、共同で活動や課題に取り組む過程自体がどう共同性を支えるかを学ぶ機会を提供するといった事実の発見などで、より明確化されてきています。これは、例えば、障がいのある子どもとない子どもとを分離しようとする発想とはまったく異なります。現在、理論面・実践面で盛んに議論されている特別支援教育が、今後、障がいのある子どもに対する烙印や囲い込みに結果するならば、それは共生教育の理念からは全面支持することが難しいものとなっていくでしょう。

要するに、「自分づくり」は、自分自身を原因として単独でなされるものではなく、他者と「つながる」結果として始まり、他者との共同行為過程を経て、拡大深化すると言うことができるでしょう。その意味では、情意・行動的側面にしても知的側面にしても、「分ける力」が「つなぐ力」に先行するという志水宏吉の仮説とは、大きく異なることになっていきます（志水宏吉「はじめに」『学力を育てる』岩波書店、二〇〇五年）。

5 〈学力の森〉モデルから〈人間の森〉モデルへ

志水宏吉はユニークな「学力の樹」モデルを提示しています（志水宏吉同上書、二〇〇五年、三八〜五〇頁）。「学力の樹」とは、志水自身の表現を借りれば、学力の知識・理解・技能面を生い茂る「葉」に、思考・判断・表現面はすっくと伸びた「幹」に、意欲・関心・態度面は大地をとらえる「根」に相当するものとしてイメージ化したもので、それら三要素は、渾然一体となって成長し、そのうちのどれかが欠けても「生きた樹」とはならないと説明されています。そして、環境が、その樹の育ちには決定的な影響を与えるとも述べ、学力を有機的にイメージ化したモデルとして提示しています。

ところで、ここには細かいが、見過ごせない欠点があります。確かに、志水は、樹としてイメージされた個人の学力は、「自然状態」では、林や森としてイメージされるような集団のなかで育つと付言しており、周囲に同種の樹が生えていないような「人工的」な環境では、「一人前」の樹になるまでに出会う困難の数は相対的に多くなるだろう、という補足説明もしています。しかしながら、他方で、樹は、「単独でも育たないことはない」と言い切ってしまっています（志水、同上書、四三頁）。せっかくの生物学的比喩も、これでは意義が半減してしまうのではないでしょうか。つまり、この学力モデルには、生態学的知見が正しく反映されていないということなのです。

植生学が教えるとおり、植物は、純粋に単独の個体で育つようなことはありえません。例えば、森などで、植物は、高木、亜高木、低木、下草と種の特性に応じて、それぞれが棲み分けつつ群落を形成しています。と同時に、群落間および個体間で相互にせめぎ合いながら、実は、共生関係にあるのです。同種であれ異種であれ、他の植物が皆無であるような状態で、ある樹だけが単独で生き成長することはありません。群落内の低木があるからこそ、その影による適度な日光遮断の機能で下草は極度の乾燥を免れて生きられると同時に、細かな根を地表近くに張ることで土壌に水分を蓄える下草があるからこそ、低木は、大地から必要な水分を補給して共に育つことができるのです。

教育でも、一部のエリートだけに教育資源を重点配分するような働きかけは、同種の高木だけを手厚く保護しようとする反生態学的な働きかけと同じく、他の低木や下草のみならず、それらとの支え合いを失った高木の活力さえも、結果としては低下させてしまう危険性を内包しているのです。

改めて、生態系論の観点からすると、群落内の種々様々な樹は〈人間〉諸個人に、その機能が〈学力〉に相当します。〈学力〉は、他の植物や土壌、気候風土といった外的環境との関係性のなかで発揮される諸機能の集合だととらえられます。この点で、能力概念の実体論的定義を否定し、社会システムとの相関における諸機能の集合として、能力を関係論的に再定義したA・センの「潜在的能力」論と、その発想の根を共有していると言えます。

仮に、こうした生態学的知見を生かして〈学力〉と〈人間〉のイメージが描き出せるものならば、それは、やはり単体としての樹ではなく、植物群落としての〈森〉自体が、その基本単位となるでしょう。したがって、豊かな〈学力の森〉〈人間の森〉づくりが、すなわち、異質な人間諸個人が、共に学び、共に生きることのできる公教育づくりが、私たちの課題となるはずです。

植生の成長には、すなわち、子どもたちとその〈学力〉が共に豊かに育つには、肥沃な土壌が必要です。土壌には、具体的にいえば、地域の社会関係資本や奨学金の拡充などの直接的な支援から、教育費の私費負担率抑制や協働的な地域教育組織の構築などの物的・組織的な条件整備、さらには、人々の基本的な平等性を保障する労働法制、税制、社会保障制度といった社会経済的基盤までが、幾層にもわたって含まれていなければなりません。〈人間〉とその

〈学力〉の〈森〉が、真空のなかで育まれるのではない以上、植物の群落がしっかりと根を下ろして養分を吸収することのできる地味肥えた土壌が、その繁茂にとって不可欠な環境的条件となるのです。

6 〈人間の森〉づくりのために

「校区教育コミュニティ」という発想へ

戦後、「校区」は、高等学校を除いて、法律上の明文規定を欠くものの、学校設置・管理運営の主体としての「学区」とは異なり、政策側では、専ら「通学区域」としてとらえられてきたものです。他方で、「校区」を「通学区域」以上のものとしてとらえ、教育自治の基礎単位としようとする立場が、海老原治善らによって鮮明に打ち出されてきます。

海老原治善をメンバーとして含んだ日教組の第二次教育制度検討委員会は、「校区」を「子どもの日常生活圏や友人関係の広がりの基礎的空間」、「子どもが地域のおとなや住民から、そしてまた地域の自然、文化、行事、祭りなどを通して多くのことを学ぶことのできる身近な文化伝達と教育の場」として位置づけ、教育における住民自治と教育参加の基礎的な場としました。

そうした理論展開と合わせて注目されたのが、川崎市の教育懇談会が提唱した「地域教育会議」の現実でした。「地域教育会議」は、住民の自主的な組織として小学校区ごとに置かれて、教員・保護者・住民の教育意見を交流し、合意形成を図り、時として教育行政に住民意思を反映させるよう働きかけるものでした。ただ、「地域教育会議」では、「校区」が、中学校区ではなく小学校区だけに限定されている点、住民意思を行政へ反映させる制度的保障がないといった点において不十分なものであったので、日教組は、地域住民が、より「校区」の子育てや教育に関して主体的に参加し、自ら行動し、問題解決に当たることができる「校区教育協議会」への発展構想を提起しました。

日常的な学びの空間でも、遊びの空間でも、生活の空間でもある「校区」の生態学的な役割と存在は、その組織および運営が階層化されやすい「日本型コミュニティ・スクール」構想（金子郁容）や子どもや一般教職員の制度的参加・参画が見えない「地域教育協議会を置く学校」などでは代替できません。

「校区」など地域を基盤とした学校教育にとって、「通学区域」の拡大は危険であり、廃止は破滅的でもあります。「通学区域」に関する近年の規制緩和政策は、具体的には、神奈川県立高校入試における全県一区化の状況などが示すように、「日本的学校知」ないし「受験学力」による学校間格差をより拡大させ、そのしわ寄せとして、課題集中校や定時制高校などに新たな困難を生み出していることはすでに明らかです。

今日、かつて日教組が掲げた「校区教育協議会」構想は、「校区教育コミュニティ」の実践という形で展開されてきています。義務教育段階における公立学校選択制の導入は、「校区」のもつ人間形成的意義には立脚していません。そのための対抗的改革モデルのひとつとして、地域に根ざした学校づくりを推進する「校区教育コミュニティ」の可能性に注目したいと思います。

ところで、後期中等教育段階では、地域に根ざした学校づくりといっても、基盤となるべき地域自体が流動化・広域化している点で、義務教育段階とは、かなり状況が異なることは確かです。したがって、高校段階においては、学校どうしをつなぐような新たな構想が必要です。この点で、総合学科などを活用した「地域合同総合制」高校の構想などはそのよい例と言えます。地域合同総合制は、戦後の高校教育の三原則（小学区制、総合制、男女共学）を踏まえながら、現状に対応して日教組が一九九五年に提示した高校改革像です。つまり「一定範囲の地域内の既存校数校を施設設備や学科の特色、教職員の専門性を活用して一つの総合制をつくる構想」であり、モデルケースとしては、「普通科三校程度と専門高校一～二校（商業系、工業系、それに場合によっては農業系を含む）で一つの総合制をつくり、これを一学区とする。校名は一つに統一するのが望ましい」（日教組高校改革推進プロジェクト報告）という考え方による改革案です。これは、当然、障がいのある生徒を積極的に受け入れていくインクルーシヴな学校でなければなりません。中高一貫校や中等教育学校などとの関連を今後検討しながら、こうした構想を進めていくことが教育格差の克服に向けた政策となっていくはずです。

「働く」「住む」「学ぶ」「楽しむ」権利保障の視点

ここで、「校区教育コミュニティ」「地域合同総合制」などの発展においても生かしたい視点について、若干述べておきます。

海老原は、一九八〇年代、現代的都市機能を踏まえた人間復権の地域づくりと併せて、学校教育改革の方向性を示しました。それは、人間の基本的要求としての生存と発達を視点に据えたうえで、それぞれを都市機能としての「働く」「住む」と「育つ、育てる」「楽しむ」に対応して保障していく住民主体の地域・都市教育計画です。革新自治体の台頭を背景として当時注目されていた自治体行政・都市計画におけるシビル・ミニマムの思想を、生存権・共用権・環境権をなす憲法第二十五条に基づくのみならず、第二十七条、第二十八条の労働権、そして、第二十六条の教育権といった法的権利に基盤を置くものとして再構築した点に、海老原の理論的特徴がありました（海老原治善『地域教育計画論』勁草書房、一九八一年）。

昨今の教育改革においては、教育の費用対効果や、学力向上の効用論議が強く押し出されています。しかしそうではなく、すべての地域住民には、必要な教育機会を均等に提供される権利があり、その保障のための学校改革と条件整備が自治体行政の責務であるといったいわば「権利基盤型アプローチ」が求められるのではないでしょうか。新自由主義的な市場原理に立つ諸政策の対抗軸として、インクルーシブな原理に立ち、すべての人に学習権・生存権・環境権などを平等保障するユニバーサルな教育・福祉・医療システムの構築を、ありうべき改革運動の方向性として提示したいと思います。

地域を基盤とした「協働的学校」メンバー組織論

志水宏吉は、子どもの学力問題としての学校評価軸に代えて、教職員も含めた学校成員全体の力量をもうひとつの評価軸として提示する「力のある学校」論を展開しています。学力形成以外の学校教育の効果をどう評価軸として加えるかは、重要な論点です。私たちも、学力向上ではなく、学力保障を求める立場において志水と共通しています。しかし、学力保障にしても、それ自体は、学校教育の存在理由ないし社会的役割にとって、必要なものではあっても、十分なものではなく、また、諸個人の生活・人生にとっても、目的価値化されるべきものではなく、手段的・道具的価値をもつにとどまるものです。

また、志水は、「効果のある学校」内の教職員について、ミドルリーダーの存在とその垂直的水平的な協力関係の重要性を指摘していますが、学校内にとどまらず、学校外の人々も含めた学校に関与するメンバー全体のあり方に関する明確な構想も必要でしょう。

つまり、「住み」「働き」「学び」「楽しむ」地域を基盤にして、学校内の教育スタッフと事務スタッフのみならず、学校外の家庭・保護者と、医療・保健・福祉専門スタッフなど学校に関与する全メンバーをつなぐ「協働的分業」の地域教育組織を形成していくことが求められなければならないということです（「協働的学校」）。この「協働」概念には、お互いの役割分担を維持したままでの「連携」とは異なり、相互の役割規定まで変更可能性があり、当事者同士の目的・目標達成にとって必要な形と方法を、その都度探求していく「協働」の過程を含意しています。

地域に根ざす学校づくりには、大阪府松原市立松原第三中学校の実践に触れながら、森山沾一が指摘したように、学校の教育方針の適切性、教育改革運動の担い手である支部組織や人材の豊かさ、親・保護者の切実な教育要求、乳幼児期からの他者配慮型の教育実践、子ども会・青年会などに所属する子どもとその教育保障を担う社会教育組織の形成などの様々な要素が求められます。そして、それらの要因や要素が有機的に結合して「協働的分業」関係として活性化するよう、関与する人と組織の全体が一体となって機能していくことが必要となります（森山沾一『社会「同和」教育の地域的形成に関する研究』明石書店、一九九五年、一四四頁)。

学校運営組織一般論のなかでは、職務としてのチームリーダーや専門教員、あるいは事務長といった新たな学校スタッフの導入が、その合理化や効率化の課題を引き受けるものとして論じられていますが、教育保障性の拡充を目標とした教育組織形成論としては、上記のように、校区などの地域を基盤とした「協働的学校」メンバー組織論を改めて提案していきたいと思います。

社会関係資本を生かす地域の学校

志水は、「経済資本・文化資本のカベは決して低くないが、」(志水宏吉『学力を育てる』岩波書店、二〇一頁)、「力のある学校」における社会関係資本の蓄積によって、教育格差の克服は可能であると言います。

一部研究者によれば、在日韓国人の場合は、民族や国籍を理由とした教育上の差別や特定の労働市場からの排除による職業機会の不平等を「民族集団内のインフォーマルな互助ネットワーク」によって克服してきたと考えられています(金明秀・稲月正「在日韓国人の社会移動」高坂健次編『日本の階層システム6　階層社会から新しい市民社会へ』東京大学出版会、二〇〇〇年)。これがどこまで一般化できるかは議論の余地がありますが、ただ、少なくとも、学校における社会関係資本の蓄積のみならず、地域社会の特性やそこにおける市民主体の育成と参加の可能性と限界も引き受けつつ、より議論を深めていくことが必要であることは確かでしょう。

社会疫学分野でも、居住地域における住民間の連帯感や相互扶助組織といった社会関係資本の豊かさが、人々の健康に対して肯定的な影響を与えることは指摘されていますが、それ自体が単独で社会経済的な格差まで克服する効力を有しているという話は聞かれません。文化資本格差の克服という難題を残しながらも、まずは、基本的な社会経済的な平等を保障することが、教育格差を是正していく際の必要条件となるでしょう。保護者や地域住民をはじめとする学校関係メンバーによる社会関係資本の蓄積が重要だとしても、それ単独では、教育格差の是正効果は限定されたものにとどまってしまいます。

また、校区などの地域に根ざした学校改革を考える際、地域には、相互扶助や社会的サポートなどの肯定的機能だけではなく、保守的な権力構造、外国人やマイノリティに排他的な集団力学、非行・逸脱や組織犯罪の温床になる可能性などの否定的な機能も見られるのであり、後者の諸矛盾を見過ごすわけにはいきません。そして、地域に「根ざす」学校づくりとは言っても、個人を地域に「縛る」学校改革であってはなりません。地域再生に貢献する住民主体の育成は、学校教育と社会教育の重要な課題のひとつです。しかし、学校と地域が一体となった再生事業は、このような地域社会の内部矛盾に対して無自覚なまま展開されてはなりません。それらと向き合いながら、外部との様々な人的、物的、組織的な協働的関係を取り結びつつ、その克服を企図して進められるものであるべきです。

市民教育の中核としての職業教育

私たちは、ここで、市民教育を時代的要請として受け止めたいと考えていますが、それは、教育における国家権力の問題を、私たちの視界から封印するためではありません。国歌斉唱や国旗掲揚の強制に見られるような教育現場に対する国家権力の規制と、個人の精神的内面への不当な介入は、当事者教職員の尊厳の保護・回復を賭けた裁判闘争を各地で引き起こすまでにいたっています。その際、国民教育の名の下に正当化される人権侵害に対しては、人間として、また普遍的市民としての立場から異議申し立てしていかざるを得ません。国民教育自体の組み換えと同時に、市民教育による国民教育の相対化が課題として求められていると言えるでしょう。

ポスト福祉国家時代の市民教育は、人権の確立のほか、教育機会の均等と学力の形成、アイデンティティの承認と居場所の確保といった目的を共有しますが、その中核に位置づくのは、多様な職業機会の選択と安定した職業生活を保障するための職業教育およびその社会的支援システムでしょう。

社会的排除論によれば、先進諸国の中等・高等教育機関を卒業した若者が、一定の教育達成を果たしながらも、産業構造の変化や労働法制・雇用慣行の変化を促す経済政策のあおりを受け、慢性的な失業状態や不安定就労を強いられており、それが社会不安や若者世代の貧困化などの問題を生み出している、ということになります。雇用構造の転換に伴う失業対策として、所得喪失からくる社会的排除を防ぐ積極的労働市場政策（職業訓練、職業紹介・カウンセリング、若者や高齢者の臨時ないし特定の雇用対策、徒弟制、雇用助成金など）は、先進諸国が共通にかかえる青年政策の課題に対応しようとするもので、地域再生事業とも関連しています。

ただし、ここで注意しなければならないのは、日本の場合、「フリーター」や「ニート」は、若者の選択の結果であるとする自己責任論である点です。こうした自己責任論を前提とするならば、個人向けの就業促進プログラムも、諸個人に対して、その職業能力向上への強い圧力をかけるだけで、問題の本質と対応を見誤ってしまう危険性があります。宮本みち子が指摘するように、自己責任論に傾斜しがちな世論の一般的傾向に反して、雇用流動化によって増加した日本の「フリーター」や無業者の大半は、明らかに低学歴、低所得階層の出身者になってきているのであり、社会的排除に陥りやすいのは、低学歴者、貧困者、障がい者、移民、経済衰退地域の若者などのカテゴリーだという点を忘れてはならないでしょう。

以上を踏まえるならば、中等教育段階における職業教育では、総論として、すべての学生に対して、以上のような仕事を取り巻く社会経済的な問題状況と、自らの職業生活を左右する雇用政策の動向、そして、労働基準法など働く者の権利と、居住地域の労働運動史や産業史などについて総合的かつ批判的に学ぶ時間が、社会貢献活動や職業体験学習の機会と併せて確保される必要があります。個人の適性診断や意欲喚起に特化するようなキャリア・カウンセリングが、職業教育の総論の主要な内容であってはなりません。他方、就業に直接つながるような職業教育の各論については、後期中等教育の専門高校で、ないしは専修学校、短期大学および大学といった高等教育機関において、厚生労働省が所管する職業訓練施設との関連を見据えつつ、独自に展開される必要があるでしょう。

格差拡大是正に向かう教育・学校実践

（1）委員会活動を通したスクール・アイデンティティ：岩手県立雫石高校

岩手県は、その高校配置のあり方のために、盛岡市などの都市部を除いては、多くの中学生は自宅近くの高校に進学しています。つまり、子どもたちは地元の中学校と高校との連続性の上に学習を展開していることになり、また、その半数以上の者が卒業後就職していきます。

これは、教育機会格差の拡大および結果における格差の問題状況としてとらえなければならない一方で、地元で育つという点に着目することで、そこに新たな学習のあり方につながる可能性をみることができるのではないでしょうか。ここで具体的に紹介するのは、岩手県立雫石高校（盛岡市の西、秋田県境の雫石市にある）の実践です。

雫石高校は、一九四八年に盛岡第一高等学校の夜間定時制雫石分校として開校し、一九六八年に雫石高等学校として独立しました。生徒の約六五％は地元の雫石中学校から進学してきています。また大学等への進学率は約三四％となっています（二〇〇五年度）。生徒の家庭的な特徴として、離婚率の高さや、授業料未納者の多いことなどが指摘できます。学校全体も「荒れた」状況が続いていました。

しかし、「あこがれの丘　青春道場」というキャッチフレーズを掲げ、特色ある部活動、委員会活動、そしてボランティア活動を展開していくことで学校を立て直していったのです。

雫石高校の活動として有名なものの一つに、二〇〇一年から始まった、生徒自身による「保健劇」があります。これは、保健委員を中心とした生徒自身による薬物乱用や性といった、自分たちに身近なテーマを取り上げた創作劇であり、構想から台本作成・演技まで、すべて生徒たちが行います。当初は文化祭で発表してきたのですが、そのテーマと迫真の演技が評判となり、いまでは盛岡市内の劇場で上演されたり、他校からの公演依頼もくるようになっています。この活動が、生徒たちに自信をもたせ、さまざまな社会問題を自分たちの問題として考えようとする姿勢を育てることになったのです。

生徒自身による活動としてその他に、郷土芸能委員会による岩手県伝統の舞踏は、海外公演も経験しています。ボランティア活動はもちろんのこと、このような地域社会との強い結びつきの上での学習とそれを通してつくられていく学校としての伝統とそれへの誇り、これらの基盤には、総合的な学習の時間を使った自己理解と地域理解の学習があります。卒業生を囲む会によって生徒間の縦のつながりができ、社会参加に取り組むことを主とした地域ボランティアや就業体験、民芸・芸能などの学習によって地域の人々とのつながりができていく。このことは、地元商店街の活性化とも結びついています。つまり、地域づくりとそれを支える人づくりの実践となっているわけです。

いわゆる偏差値ピラミッド構造のなかにすべての高校が序列化されていく盛岡市の近郊にあって、雫石高校は、そこに巻き込まれずに、就職も進学も生徒自身の主体的な取り組みとして実現しています。ここに、格差構造から抜け出す、あるいはその中に飲み込まれないような学習の姿をみることはできないでしょうか。

このような地元中学校も含めた地域社会と一体となった活動により、生徒たちは、積極的に自らの就職や進学を考えていくようになりました。保健委員会をはじめさまざまな委員会活動において、集団で、共同で学ぶことによって、生徒たちは自信をもち、地域の一員として自己を意識するようになったのです。このような成果は、さまざまな活動を支える教職員の意識の高さと指導力も必要でした。また、とくに就職に関しては、生徒たちの悩みに的確に対応できるように就職支援相談員（カウンセラー的役割を担う）が配置されています。

（2）地域学習と町づくりへの参画：大分県立安心院高校

大分県立安心院高校は、県北部（宇佐市）に位置する普通科の高校で、二〇〇〇年度より地域の四つの中学校との間で連携型の中高一貫教育を導入しています。そして、文部科学省の研究開発学校の指定を受け（二〇〇〇年度から三年間、二〇〇四年度より再指定）、中高一貫教育の特徴を活かす六年間の教育課程を創造するなかで、地域の実態に合致した、地域に関する、この地域でなければできない教育活動を展開しています。それが、「安心院《あじむ》・院内学《いんない》」であり、全員必修の学校設定教科として位置づけられています。これは、中高接続によるカリキュラムの系統性を図った学習活動として、連携する四つの中学校がそれぞれに「総合的な学習の時間」において実践している郷土を題材とした学習の上に立つものとして計画されています。

「安心院・院内学」の特徴は、まずその子ども観にみられます。すなわち、「生徒は地域と共に生きており、地域社会の一員としての役割を担っている」ととらえるのです。その上で、調査・観察等の「体験」、地域住民や大学生等との「交流」、郷土のあり方・自己のあり方について考えていくといった主体的な活動を通した生徒自身による地域の「課題の発見」、そして町づくりという形での「提言」をしていくという学習が展開されていきます。このような活動の中で、いわゆるペーパーテスト対策とは異なる知の総合化が図られると同時に、さらに、地域の大人が外部講師として参加し、あるいは大人と子どもとが共に学ぶことにより、住民の学校への関心も高まっていきます。こうして交流の拠点としての地域の学校がつくられていくのです。

具体的な展開の一例を挙げてみましょう。

環境問題、健康福祉、地域経済、伝統・文化を視点として、生徒は五つの班に分かれ、それぞれに小テーマを決めて学習していきます。

原生林の体験や棚田の勤労体験といったことを通して、その保全や自然との共生（自然と生活との調和）を考えるとともに、政策的にどのような環境問題への対応がありうるのか、町づくりへの参画という観点から環境を多角的に捉えていきます。これは、自然環境も含めた地域の資源に着目した地域経済の活性化につながるものです。さらに、安全な食という観点から地域食材の利用・消費をどのように拡大していくのか、流通や食材の調理法などの調査を通して「地産地消」の提言へと発展していき、また、地域医療・地域福祉の観点から健康に関しての学習が展開されていく、という具合です。

いずれも単なる体験で終わることなく、そこから見えてくる課題を追究し、それに対応した提言を作成し、文化祭でのプレゼンテーションや町内でのさまざまな学習会等での発表を通して町（地域）づくりにつなげています。とくに文化祭においては、中高の交流も積極的に進められています。

このような「調べ学習」においては、その分野の専門家に話を聞いたり、資料請求をしたり、学校の中だけでは完結しない人間関係の広がりをもたらします。そして、各班が作成する報告書が新たな教材（教科書）として活用されることで、学習はさらに発展し継承されていくわけです。

このような主体的な活動によって、自らの生活する地域（郷土）を深く知ることで、誇りや愛着といった感情（感覚）が呼び覚まされもします。これは、けっして地域という狭い土地に限られた生活を第一にするといった生き方をよしとするものではなく、むしろ地域を基盤にして知識は大きく具体的に広がっていくのであり、国際化と言われる今日的課題にふさわしい学力であると言えるでしょう。もちろん、ここで郷土愛といったものが強制されるというのではありません。自ら進んで地域と関わり、それを創造していく過程において、自分の生き方とかかわり、またそれを支える一員としての自覚を基盤とした地域観が培われていくことが重視されているのです。

地域を舞台とし、地域を教材としつつ、具体的に問題を発見し、その解決に向けていまの自分たちには何ができるのか、地域への情報発信といった方法も含めての学習は、単なる地域史の学習ではなく、また、固定した知識についての学習でもありません。地域の中からいかに課題を見つけ出すかが重要なのであり、一市民として地域の問題をとらえ、そして、いかなる提言をしていくかまでを押さえた活動になっているのです。

生徒たちが市民として地域に参画していく教養を主体的に身につけていくということは、主体的な進路選択への動機づけともなっていきます。地域の課題を探求していくことで広がってくる学習への興味関心、そしてそのことが進学への希望となっていくのです。それを組織的に保障するために、安心院高校では、生徒の進路保障の一貫としてベーシック・スキルとしての読書算の特別な授業（ＢＳタイム）も確保しています。また、二年次からは、大学進学を目指した「一般コース」、実習を通して郷土の食文化について理解を深め、進学はもちろん、食品会社等への就職にも対応する「食文化コース」、地域の中学校や老人福祉施設との交流も行いつつ、草花や野菜についての知識を深める「園芸マネージメントコース」、そして、情報社会に対応する知識を高める「情報コース」という四つのコースに分かれて学習していくことになっています。

安心院高校の実践には、人々を「勝者」と「敗者」に二極化するような、知識・技能をオプショナルな商品と見立て、それらを身につけるために自らにどれくらい投資したかが成功の鍵であるといった市場主義的競争を基盤とした学力形成とは大きく異なります。あくまでも、生徒自らの、地域社会の一員としての主体的な判断による進路選択であり、そのための学力形成なのです。これは、具体的な進路先の多様性によくあらわれています。例えば、大学・短大あるいは専門学校への進学をみても、同じ大学・学部等に進む生徒はほとんどいません。みなそれぞれの進路を、自らの課題をもちながら選び取っているのです。

(3) 人々をつなぐ防災力：兵庫県立舞子高校

一九九五年の阪神・淡路大震災を教訓に、二〇〇二年、兵庫県立舞子高校に防災教育を推進する「環境防災科」が設置されました。今日、「防災」が市民にとって不可欠な課題となっていることには誰も異論はないでしょう。では、命の大切さや助け合いのすばらしさを学び、社会に貢献できる人間を育成するための教育課程をどう編成していけばよいのでしょうか。舞子高校の実践は、バーチャルではないリアリティをどう子どもたちに伝えていくのかという取り組みなのです。

命の大切さや助け合いのすばらしさは、それを語るだけではなかなか伝わりません。生活に根ざした社会認識が生徒にも教員にも求められます。環境防災科の教育理念は次のように設定されています。

A　阪神・淡路大震災の教訓を踏まえ、命の大切さや生き方を考えさせ、災害に対する力を養い、社会に貢献できる人間を育成する。

B　自然災害のメカニズムや災害と人間社会のかかわりの学習を通して私たちを取り巻くさまざまな環境について理解を深める。

C　大学や研究機関、関係機関と連携し、実践的・体験的な学習を通じて環境防災への理解を深め、地球規模で考え、地域で活動する姿勢をもち、主体的に活動できる人間を育成する。

防災教育は、特殊な教育ではなく、市民一人ひとりに生きる力をはぐくむ教育として位置づけられています。そこで得られた基本的な知識・技術、強い意志が防災を広め、コミュニティを強くしていくわけです。ここでは、地域で考えることが大切にされています。

具体的には、三年間の履修八八単位のうち、二五〜二九単位を専門教科として、外部講師（ライフライン、鉄道、警察、建築等の各方面からの講師）、校外学習、体験的学習、課題解決型学習、小学生との防災学習、外部での発表、IT教育などにあてています。

また、防災を自然環境からのみ考えるのではなく、社会環境の問題としても考えようとするところにも、大きな特徴があります。九五年の震災時、助けられた人の八〇％以上は隣近所の人に救助されたと言います。行政に頼らない「防災力」が必要だったのであり、ここには市民教育の視点も入ってくることになるでしょう。また、使用する教材も、新聞はもちろんのこと、国連防災会議の資料であったり、その他の国際機関のパンフレットであったりと、文字通り世界的規模で防災を考えるものが用意されています。

安心院高校の場合と同様に、このような地域の課題を通した学習により、たとえば、保育士や教員、あるいは福祉関係の仕事に就きたいという生徒が現れてきています。災害の被害にあいやすいのは、高齢者や子どもであることを理解したからです。防災の知識を世界に広めたいと考える生徒、災害救助犬のトレーナーになりたいという生徒、また、震災の教訓の一つにコミュニティの大切さがあったことから町づくりに興味をもつ生徒もいます。生徒たちは、自らの興味・関心と防災とが結びつくことで、より具体的で生活実感の伴った学びを展開していくことになり、それが進路選択にもつながっているのです。そのなかで、市民社会の一員としてその形成にかかわろうとする積極性を確実に身につけていくわけです。

以上の三校の例は、いずれも地域づくりを中核に据えた実践を展開しており、そのことが教育格差拡大に抗する教育観・学力観をつくり上げています。そこにあるのは、偏差値や進路（進学）実績などによって価値づけられた格差構造のなかで、不自由な学習状況を強いられる状況を相対化し、意識化し、課題化していくとともに、自らの主体的判断によって進路を考えようとする生徒の姿です。ランクづけされたなかで優越感・劣等感に揺れ動く一元化された生き方ではなく、社会との具体的な関わりを重視した多様な生き方が尊重され、そして、社会を形成する主権者としての自己を認識していくような教育実践が実際に行われているのです。

おわりに~希望の公教育：〈人間の森〉づくりへ

大小、高低、花の咲く木や咲かない木、自分で土地に根をはり水分を吸い上げる木ばかりでなく他の木に根を下ろしている木、自生種の木と外来の木などなど、様々な樹木ばかりでなく、種々の下草や土壌からなる森。それぞれに個性豊かな樹木が地下の水や地中の栄養、そして天空の光と空気をえて、息づいています。私たち人間社会も、背の高い人や低い人、スポーツの得意な人とそうでない人、文化を異にする人々、女性と男性、障がいのある人とない人など様々な人間が織りなす共生の集合体であり、森にたとえることが可能です。

人間存在の多様性や違いを、それとして価値を認めず、格付けをし、それを拡大しようとしている今の人間社会は決して人間の森とは言えません。この人間社会を、人々が多様性をもとに共生していけるような森にしていくことが、いま、私たちに問われているのです。

これは、今日のように多様性を「学力」尺度に一元化し、しかもそれを格付けしていく学習のあり方とは根本的に異なります。また、「学力」を個人競争の結果としてとらえていこうとすることとも大きく異なります。教育基本法第一条や世界人権宣言第二十六条、さらには子どもの権利条約第二十九条の規定に見られるように、人格を育てることが教育の基本でしょう。そのためには、感性や身体、人間関係や社会関係意識などを育むことも大切になります。したがって、本書では、人格としての人間が様々な関係のなかで育ち、一つのまとまりをつくっていくというイメージで〈人間の森〉づくりを提唱したのです。

最後に、もう一度、私たちの提言を整理しておきます。

〈私たちの提言〉

一　安定した雇用と基本所得を確保するため、新自由主義的経済政策からの転換を図って、労働市場の秩序を回復させ、成果主義に偏った賃金制度を改める。

二　若年者、女性、障がい者、高齢者などを含め、すべての市民が安心して生活できるように社会保障制度の抜本的改革を図る。

三　家計間の経済的不平等を是正するため、所得・資産の再分配となる税制の公平化を進める。

四　地域住民の主体的な参画により、地域再生の経済と地域に根ざした教育を柱とした地域づくりに踏み出す。

五　教育基本法に定められた教育の機会均等原理に則り、階層間、地域間における経済格差や文化資本格差の教育格差への影響を縮小するよう教育費の公費負担率を先進諸国の平均水準に押し上げ、その支出額も増加する。また、私費負担の軽減を図るため、奨学金制度を拡充するとともに、要保護・準要保護者および授業料減免者の認定基準を下げ、支給額を上げる。

六　日本型の受験学力ではなくＰＩＳＡ型のリテラシーへと学力観を転換させ、学校と地域で、異質な他者同士が同じ場で共に学び合う共同学習の機会を積極的に保障する。

七　学校間格差を是正してリテラシー学力の全般的な底上げを促し、もって大学入試や高校教育のあり方を改革していく。

八　〈人間の森〉づくりとして、地域の人と人がつながり、また、生活とつながる公教育をつりだす。そのため、校区などの人間形成的意義を生かせず学校間の敵対的競争を煽りかねない公立小中学校の学校選択制は導入しないこと。また、高校全体を地域合同性の理念の下に連携させていく制度を構築する。

九　子どもの権利条約、サラマンカ宣言などの理念に則り、教育差別を解消するインクルーシヴ教育や多文化共生の教育へと向かう。

十　教育や福祉の機関を多機能化し、また、複合施設化することで、教育や福祉の領域における市民相互の多様な交流、連携、協働の機会を保障するとともに、それら地域社会における社会関係資本を学校に呼び込んで蓄積し、有効活用していく。

本書は、国民教育文化総合研究所（以下、教育総研と略）「教育における格差研究委員会」（委員長＝森山沾一、幹事＝嶺井正也、委員＝池田賢市、広瀬義徳、宮嵜晃臣、協力員＝中川登志男）の研究中間報告「教育における格差問題を考えるために」（『教育総研年報２００５』所収）、同最終報告「教育格差拡大：どうして、どうなる、どうするか?!〜希望の公教育・〈人間の森〉づくり」（『教育総研年報２００６』所収）を基に、教育総研の十五周年記念ブックレットの一冊に嶺井・池田の責任でまとめなおしたものです。前記報告書も合わせてお読みいただければ幸いです。

❖教育における格差研究委員会（所属は当時）

委員長	森山　沾一	（福岡県立大学大学院）
幹　事	嶺井　正也	（専修大学）
委　員	池田　賢市	（中央大学）
	広瀬　義徳	（松本短期大学）
	宮嵜　晃臣	（専修大学）
協力員	中川登志男	（専修大学大学院生）

❖国民教育文化総合研究所

〒101-0003　東京都千代田区一ツ橋2-6-2　日本教育会館6階
電話 03-3230-0564　　FAX 03-3222-5416

国民教育文化総合研究所15周年記念ブックレット3
教育格差――格差拡大に立ち向かう

2006年10月20日　第1版第1刷発行

編　者	嶺井正也・池田賢市
発行者	菊地泰博
組　版	美研プリンティング
印　刷	平河工業社（本文）
	東光印刷所（カバー）
製　本	越後堂製本

発行所　株式会社　現代書館
〒102-0072　東京都千代田区飯田橋3-2-5
電話 03（3221）1321　　FAX 03（3262）5906
振替 00120-3-83725　http://www.gendaishokan.co.jp/

校正協力・東京出版サービスセンター

ISBN4-7684-3462-2
定価はカバーに表示してあります。落丁本・乱丁本はお取り替えいたします。